Inline-Skating

Jeremy Evans

6990

Fun and speed

Inline-Skating

JEREMY EVANS

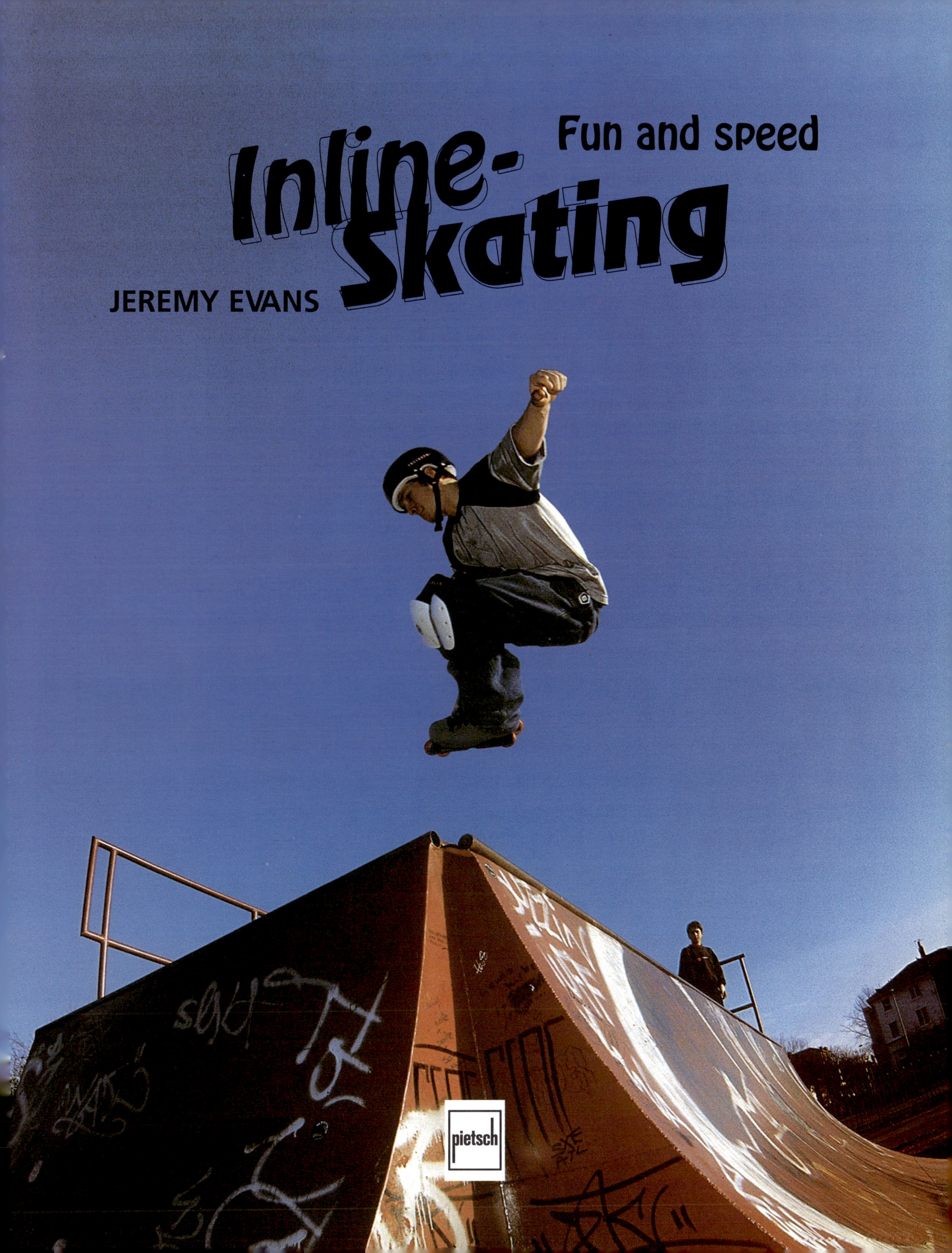

pietsch

Ein Parragon Book
Originaltitel: **INLINE SKATING. All you need to know about the world's fastest-growing sport on wheels**

Deutsche Fassung: **Hermann Leifeld**

Einbandgestaltung: Nicole Lechner

Titelbild: BAUER NIKE Hockey GmbH, Fraunhoferstr. 22, D-82152 Martinsried, Tel.: 089/8 99 61 30, Fax: 089/8 99 61 33

ISBN 3-613-50335-2

Ein Unternehmen der Paul Pietsch Verlage GmbH + Co
1. Auflage 1999

Lektor: Oliver Schwarz
Innengestaltung und Bindung: Touchstone, Old Chapel Studio, Plain Road, Marden, Tonbridge, Kent TN12 9LS, United Kingdom
Printed in Italy

Bildnachweis:
Die Produzenten dieses Buches danken der Firma **INLINERS,** Pacer Leisure Limited, 19/21 Denmark Street, Wokingham RG40 2QF, England, dem Hersteller von Skates und Skating-Zubehör, für die freundliche Unterstützung mit Bildmaterial für dieses Buch.

(o = oben, u = unten, l = links, r = rechts, m = Mitte)
© **INLINERS:** Seiten 1, 2, 6o, 7, 9, 12, 13u, 14o, 20o, 21o, 22-23, 24u, 27u, 30m, 30u, 31o, 31u.

© **INLINERS by Matt Pingel:** Seiten 3, 19o, 19l, 19m, 24o, 25, 26-27, 28-29, 41u, 41r, 45u, 47r, 54-55, 56-57, 58-59, 60-61, 68-69, 70-71, 73u, 74r, 75r, 78u, 79r, 80, 81l, 83r, 86-87, 88-89, 89, 90u, 91,92.

© **Matt Pingel:** Seiten 8, 10o, 11l, 13or, 13ol, 14u, 15, 17, 18, 30l, 30o, 32-33, 34, 35r, 36-37, 38-39, 40, 41o, 42o, 43, 44l, 440r, 45l, 45r, 46, 48-53, 62-67, 70-71, 72r, 74u, 75l, 76, 77o, 78o, 78m, 78-79, 81o, 81u, 82l, 82-83, 84-85, 85, 90o, 93.

© **V-FORMATION:** Seiten 6l, 16or, 16ol.
© **Jonty Sharples:** Seiten 10u, 11r, 42u.
© **HARDLINE:** Seite 19u.
© **SKATERMAG:** Seiten 20u, 21u, 41m, 47o, 47u, 77r, 77u.
© **OGOS:** Seite 31r.
© **ROCES:** Seite 35l.
© **FRANKLIN:** Seiten 72r, 72u.
© **CCM:** Seite 73o.

Inhalt

Einleitung

Inline-Skating hat der Fortbewegung auf Rädern oder Rollen eine neue Dimension erschlossen, in der es auch Anfängern mit geringen Grundkenntnissen mühelos möglich ist, sich graziös, schnell und stilvoll zu bewegen – und sich dabei noch prima zu fühlen. Was das Inline-Skating so attraktiv macht, ist die Tatsache, daß man es überall betreiben kann, wo es eine glatte, harte Oberfläche gibt – und wenn es denn sein muß, auch im Gelände.

▷ ***Hoch-Zeit für Aggressive-Skater sind die Jahre, in denen Angst noch ein Fremdwort ist.***

Die Realität sieht leider manchmal etwas anders aus. In den Städten – und dort sind die meisten Inline-Skater anzutreffen – findet man zwar jede Menge glatten Asphalt, aber dort hat der Sport meist einen schlechten Ruf, weil es leider auch unter den Skatern »schwarze Schafe« gibt, die aufgrund ihres rücksichtslosen Verhaltens Fußgängern gegenüber das Inline-Skating als ganzes in ein schlechtes Licht rücken. Immer häufiger ertönen »Skater raus«-Rufe, und mancherorts ist das Inline-Skating schon strikt verboten.

Aber was soll's. Die Inline-Skater werden weitermachen, die Rüpel unter ihnen werden hoffentlich bald lernen, Rücksicht zu nehmen, der Sport wird immer mehr Anhänger finden, es wird bessere Anlagen geben, und im Laufe der Zeit wird es Skatern wieder überall gestattet sein, ihrer sportlichen Betätigung nachzugehen. Es geht schließlich um das Recht, die kleinen – und nicht so kleinen – Freuden des Lebens zu genießen, und gleichzeitig um die Pflicht, anderen gegenüber keine selbstsüchtige Haltung einzunehmen, die deren Spaß oder Bewegungsfreiheit beschneidet.

Inline-Skating ist ein Sport, der jedermann die Möglichkeit bietet, sich von der bequemen Couch zu erheben, draußen herumzuflitzen, Spaß zu haben, fit zu werden, sich zu engagieren, körperliche Fertigkeiten zu entwickeln und zur Teamarbeit zu finden. Schon mit fünf oder sechs Jahren können Kinder das Inline-Skating erlernen, und mit der richtigen Schutzausrüstung können auch Erwachsene noch damit anfangen. Und zwischen diesen Altersstufen ist das Inline-Skating nicht weniger wichtig als Möglichkeit für Jugendliche, der Langeweile in den Städten zu entkommen, die in unserer Gesellschaft so viele Probleme schafft.

Es darf keinesfalls der Eindruck entstehen, als sei das Inline-Skating auf bestimmte Altersgruppen beschränkt. Sicherlich fällt die Hoch-Zeit für Aggressive-Skater, die begeistert Treppengeländer herunterrutschen oder auf Rampen hohe Luftsprünge vollführen, in die Jahre zwischen 13 und Anfang 20, wenn Angst noch ein Fremdwort ist und der Körper bis an die äußerste Grenze belastet werden kann. Hockeyspieler und Speed-Skater können im gleichen Alter anfangen, aber viel länger dabeibleiben und sich aufgrund ihrer Erfahrung Fertigkeiten aneignen, mit denen sie noch bis über 50 spielen und Rennen bestreiten können. Das »Fun«-Skating, bei dem es nur um den Spaß an der Fortbewegung auf Rollen geht, geht nahtlos über ins »Fitneß«-Skating, wenn die Betonung mehr auf körperlicher Ertüchtigung liegen soll.

All das ist Inline-Skating, und da ist keine Altersgruppe ausgeschlossen. Die einzige Voraussetzung sind die grundlegenden Techniken des Abstoßens, des Kurvenlaufs und des Anhaltens – alles einfache Dinge, die man meistens in einem halben Dutzend Übungsstunden erlernen kann. Sobald man erst einmal halbwegs sicher auf den Skates steht, will man nur noch das Gefühl des Rollens genießen und besser werden. Und lernen, schneller zu laufen, Kurven enger zu nehmen, schneller zu stoppen, vorwärts und vielleicht auch rückwärts zwischen Slalomhütchen hindurchzugleiten, Steigungen und Gefälle zu nehmen und möglicherweise ein paar Tricks wie den One-Eighty (180°-Drehung) oder den Three-Sixty (360°-Drehung) zu lernen.

In diesem Stadium kann dann die Entscheidung fallen, wann und wie es weitergehen soll und ob vielleicht ein Abstecher zu den Disziplinen Aggressive-Skating, Inline-Hockey oder Speed-Skating in Frage kommt.

ACHTUNG!

- Immer Schutzausrüstung tragen
- Die eigenen Fähigkeiten nicht überschätzen
- Ungefährliches Umfeld aussuchen
- Auf den Verkehr achten
- Höflich und einfühlsam gegenüber Nichtskatern sein
- Darauf achten, daß Skater nicht in Verruf geraten

Die Geschichte des Inline-Skatings

Wie viele gute (und manche nicht so gute) Dinge nahm auch das Inline-Skating in den Vereinigten Staaten seinen Ausgang, um sich von dort aus über die ganze Welt zu verbreiten. Konzipiert wurde es von den Brüdern Scott und Brennan Olson, die nach einer Möglichkeit für Eishockeyspieler suchten, auch in den wärmeren Monaten des Jahres, wenn alles Natureis verschwunden war, im Training zu bleiben, und die dabei auf die Idee kamen, die Schlittschuhkufen durch eine Reihe von Rollen zu ersetzen, von der sie sich ein ähnliches Laufgefühl versprachen.

Die beiden waren allerdings keineswegs die ersten, die auf diese Idee verfielen. Bereits im 18. Jahrhundert war das Eislaufen in Frankreich und Holland sehr beliebt, und es gibt aus dieser Zeit Illustrationen zweirädriger Rollschuhe, die natürlich sehr primitiv und vermutlich auch sehr unbequem waren. Im Jahre 1823 entwickelte der Engländer Robert John Tyers eine Version mit fünf Rollen, doch erst mit der Erfindung des Kugellagers gegen Ende des 19. Jahrhunderts begann eine eigenständige Entwicklung des Rollschuhs mit links und rechts jeweils zwei Rollen, der sich in Europa und den Vereinigten Staaten lange Zeit großer Beliebtheit erfreute.

Rollschuhe vermittelten jedoch zu keiner Zeit das reibungslose, fließende Gefühl von Schlittschuhen, die perfekte, synchronisierte Gleitbewegungen gestatten

und gleichzeitig hohe Geschwindigkeiten und spektakuläre Manöver ermöglichen. Mit ihren in einer Reihe angeordneten Rollen überwanden die Gebrüder Olson die Nachteile des Rollschuhs und sorgten für ein Gefühl wie beim Eislaufen. Dabei erzielten sie mit ihrer Neuheit gleich noch drei wesentliche Verbesserungen. Erstens sind Inline-Skates nämlich potentiell schneller als Schlittschuhe, weil sich die hochentwickelten Rollen schneller drehen, als eine Kufe durch das Eis schneidet. Zweitens kommen sie aufgrund dieses niedrigen Rollwiderstandes schneller auf Touren, so daß das Inline-Skating leichter zu lernen ist und schon bald nach den ersten wackligen Schritten eine flüssige Vorwärtsbewegung ermöglicht. Drittens braucht man zum Inline-Skating kein Eis. Jede glatte Oberfläche ist ausreichend, und wie wir alle wissen, gibt es in den Städten und Dörfern jede Menge Asphalt- und Betonwege.

Scott und Brennan Olson besaßen genügend Selbstvertrauen und Weitblick, um mit ihrer Erfindung eine Serienfertigung aufzubauen, und landeten mit der Produktbezeichnung »Rollerblade« (etwa: Rollkufe) gleich noch einen weiteren Volltreffer. Die Bezeichnung ist heute noch in Gebrauch, und die Firma Rollerblade gehört – wenn auch unter dem Dach des italienischen Unternehmens Benetton – nach wie vor zu den weltweit größten Herstellern von Inline-Skates.

Die Massenfertigung bei Rollerblade begann im Jahre 1980 mit einem Modell, das abgesehen von seinem Frontstopper auch heute noch nicht allzu überholt aussehen würde. Nach dem erfolgreichen Einstieg in den Eishockeymarkt brauchten die Olson-Brüder nicht lange, um zu erkennen, daß in ihrem Produkt viel mehr steckte als die vergleichsweise einseitige Anwendung für das Eishockeytraining.

Hier wartete eine neue Sportart darauf, entdeckt zu werden. Diese Sportart war wie geschaffen für Städter und Vorstädter überall auf der Welt, von denen es bekanntlich ja mehr als genug gibt. Natürlich konnte die Firma Rollerblade diesen Markt nicht für sich behalten. Andere Unternehmen brachten ihre eigenen Versionen heraus, während sich gleichzeitig die Bezeichnung »Inline-Skating« allgemein durchsetzte. Damit waren die Voraussetzungen geschaffen, damit diese Sportart die Welt erobern konnte.

Was von den Gebrüdern Olson ursprünglich zur Erweiterung des Eishockeytrainings erfunden wurde, ist heutzutage ein eigenständiger Sport.

▷ *Die Bevölkerung in Städten und Vorstädten erwärmte sich schnell für das Inline-Skating und entwickelte eigene Formen wie das Aggressive-Skating.* ◁

THERE'S A LOT OF
TARMAC OUT THERE!
USA PRO

Inline-Skating heute

Das Rollschuhlaufen kam und ging als beliebte Freizeitbeschäftigung genauso wie das Skateboardfahren, wobei beide Sportarten immer noch von einer Minderheit betrieben werden und mittlerweile eine Art Kultstatus besitzen. Mit dem Inline-Skating verhält es sich anders. Die Tatsache, daß im Jahre 1997 allein in Europa nahezu vier Millionen Paar Inline-Skates verkauft wurden, ist Beweis genug dafür. Dabei handelte es sich ausschließlich um qualitativ gute Skates, die erst ab einem bestimmten Preis zu haben sind, und nicht um die billigen Nachahmungen, die bei in jeder Hinsicht schlechter Qualität oft in Spielwarenläden oder Supermärkten verkauft werden.

▷ ***Geübte Street-Skater nutzen jede Möglichkeit, ihren Sport in der Stadt auszuüben.***

◁ △ ***Mit Rampentricks kann man im wahrsten Sinne des Wortes abheben.***

Zu den bekannten Namen unter den Skate-Herstellern in aller Welt zählen Rollerblade und Roces (Italien), Roller Derby und Ultra Wheels (USA), Bauer (Kanada), K2 (Deutschland) und Inliners (Großbritannien). Daneben gibt es Dutzende von Spezialisten wie Razors und Oxygen (Aggressive-Skates), CCM, Mission und Franklin (Hockey-Skates, Bekleidung und Ausrüstung) sowie Hyper und Kryptonics (jede nur vorstellbare Art von Rollen). Sie alle betätigen sich auf einem riesigen Markt, auf dem in jüngster Zeit die Aggressive-Skates die Fun-, Fitneß- und Junior-Skates, mit denen alles begann, immer stärker in den Hintergrund drängen.

Diese Tendenz bringt gewisse Probleme mit sich. Der Markt für Fun-, Fitneß- und Junior-Skates sollte eigentlich die feste Grundlage bilden, auf der sich der Sport weiterentwickeln kann, bevor Inline-Skater der zweiten Generation sich – mit entsprechender Erfahrung – an die verschiedenen Spezialdisziplinen heranwagen. Statt dessen hat sich der Aggressive-Markt als Grundlage etabliert, während die Bereiche Inline-Hockey und Speed-Skating relativ klein geblieben sind. Das hat dazu geführt, daß das Inline-Skating von Außenstehenden mittlerweile betrachtet wird als Hardcore-Sport für »taffe Kids« mit einer absoluten Altersgrenze von 20 Jahren und nicht als Sportart für Menschen jeglichen Alters und jeglicher körperlicher Verfassung.

Den Skate-Herstellern bereitet diese Tendenz eine gewisse Sorge, weil sie befürchten, daß der Markt einbricht, wenn die Kids eines Tages vom Aggressive-Skating genug haben. Genau das geschah vor Jahren mit dem Skateboard-Fahren, wobei allerdings insofern ein gewisser Unterschied besteht, als das Inline-Skating für alle Altersstufen attraktiv ist. Außerdem bietet es weit mehr Einsatzmöglichkeiten, vom Weg zur Arbeit über Freizeitgestaltung, Inline-Hockey und Speed-Skating bis hin zu Streetstyle-Skating und Sprüngen in der Halfpipe. Dem Inline-Skating steht möglicherweise ein Schrumpfungsprozeß bevor, aber von der Bildfläche verschwinden wird es nicht.

△ *Drop-ins, Flips und Grinds gehören zum umfangreichen Repertoire des Aggressive-Skatings.*

Die Inline-Skates

SKATE ELEMENTS

Alle Inline-Skates bestehen im Prinzip aus den gleichen Teilen:

Außenschuh

Die meisten Skates besitzen einen Außenschuh aus geformtem Hart-Polyurethan (auch »Schale« genannt) mit einem hohen, beweglich angebrachten Schaft, der Bewegungen ermöglicht und mittels eines verstellbaren Riemens, der durch eine Schnalle an der Schienbeinseite geführt wird, das Fußgelenk stützt. Eine Ausnahme sind genähte Lederstiefel, die überwiegend beim Inline-Hockey Verwendung finden, und sogenannte »Soft-Boots«, die das Aussehen und den Tragekomfort von Trainingsschuhen mit einem starren Innenrahmen verbinden, der den nötigen Halt gibt.

Spangen und Bügel

Verstellbare Spangen und Bügel haben bei Inline-Skates weite Verbreitung gefunden. Sie bieten einen genauen und schnellen Verschluß, der für eine feste Verriegelung sorgt und oft mittels einer Ratsche fester angezogen werden kann. Alle großen Hersteller setzen dabei auf ihre eigenen Systeme, die auch zufriedenstellend funktionieren, aber Aggressive-Skater und Hockeyspieler bevorzugen teilweise nach wie vor die guten alten Schnürsenkel, die eine feinere Abstimmung ermöglichen. Schnürsenkel machen beim An- und Ausziehen des Stiefels mehr Arbeit, halten dafür aber zuverlässig, während Spangen und Bügel sich bei einem Aufprall lösen oder brechen können. Spangen aus Aluminium sind in dieser Hinsicht übrigens beträchtlich fester als Plastikspangen.

Innenschuh

Alle Skates mit Außenschuh haben auch einen Innenschuh, bei dem es sich um eine Kreuzung aus einer dicken Schaumsocke mit Zunge und einem weichen Stiefel handelt, den man auch im Hause tragen könnte. Der Innenschuh kann zum Waschen herausgenommen werden und polstert den Fuß, damit der Skate möglichst bequem sitzt und eng anliegt. Er ist im Idealfall aus einem Spezialmaterial wie Coolmax gefertigt, das den Schweiß über Lüftungsöffnungen im Außenschuh nach außen ableitet und über eine »Memory«-Funktion verfügt, die ihn nach der Benutzung wieder in die ursprüngliche Form zurückbringt.

Einlegesohle

Die Einlegesohle bzw. das Fußbett ist eine gepolsterte Einlage im Außenschuh. Ein qualitativ hochwertiges orthopädisches Fußbett stützt das Fußgewölbe optimal, schützt den Fuß gegen Stöße, leitet den Schweiß ab und ist lange haltbar.

Chassis

Das Chassis (auch als Rahmen bezeichnet) trägt die Rollen an Stahlachsen und Distanzstücken aus Messing oder Nylon und fungiert als »Kufe«. Es muß sehr stabil, sehr leicht und möglichst verwindungssteif sein. Bevorzugte Materialien sind glasfaserverstärktes Nylon wie etwa Zytel, aber auch Aluminium und gelegentlich Kohlenstoff, wenn die Skates besonders leicht sein sollen. Zu unterschiedlichen Rahmen gehören unterschiedlich große Rollen. Teilweise besteht die Möglichkeit, die mittleren Rollen mittels Unterlegscheiben höher oder tiefer zu setzen.

Bremse

Die ersten Rollerblades besaßen noch einen Frontstopper ähnlich dem von Rollschuhen, der aber schon bald der Fersenbremse weichen mußte, bei der es sich in der einfachsten Ausführung um einen Gummiklotz hinten am Chassis handelt. Gebremst wird dabei, indem man den Skate vorn anhebt und den Gummiklotz je nach gewünschter Bremsleistung mehr oder weniger stark gegen den Boden drückt. Der Bremsklotz muß regelmäßig auf Abnutzung überprüft und gegebenenfalls ersetzt werden.

In der Regel wird nur der Skate an dem Fuß mit Bremse ausgerüstet, mit dem man am besten bremsen kann. Verbesserte Bremsen lassen sich je nach Verschleiß nachstellen oder werden aktiviert, wenn das Schienbein im Schaft nach hinten gedrückt wird.

Unter erfahrenen Skatern geht der Trend zunehmend dahin, auf jegliche Bremsvorrichtungen zu verzichten. Sie sind der Meinung, daß eine Bremse bei anderen Manövern wie dem Cross-over nur stört, daß andere Stopptechniken besser sind und daß – und hier liegt wohl der eigentliche Grund – eine Bremse »uncool« ist. All das stimmt bis zu einem gewissen Grad, aber dabei darf man natürlich nicht vergessen, daß es aus Sicherheitsgründen unerläßlich ist, anhalten zu können.

FUN-SKATES

Allround-Skates für Anfänger stellen die geringsten Anforderungen an den Skater und den Skater-Hersteller und liegen preislich an der untersten Grenze.

Ein guter Fun-Skate sollte die folgenden Merkmale aufweisen:

- ***Robuster Außenschuh, dem Risse und Kratzer beim Üben auf Asphalt nichts ausmachen.***
- ***Hoher, beweglicher Schaft mit Riemen, der dem Knöchel flexiblen Halt verleiht.***
- ***Leichtes Verstellen und Schließen mit Spangen.***
- ***Weicher, herausnehmbarer Innenschuh und entsprechende Einlegesohle.***
- ***Chassis aus glasfaserverstärktem Nylon mit Fersenbremse als Standardausstattung.***
- ***Rollen in der Härte 82A mit ca. 76 mm Durchmesser und Kugellagern nach ABEC 1 (siehe S. 16-19)***

ANFÄNGER-SKATES FÜR KINDER

Kinder ab fünf Jahren sind am besten mit entsprechend kleineren Fun-Skates bedient, wenn sie auch lieber etwas haben möchten, was vom Aussehen her eher den Aggressive-Skates ihrer älteren Spielkameraden entspricht. Wie beim normalen Schuhwerk bilden die schnell wachsenden Füße der Kleinen ein finanzielles Problem. Einige Hersteller versuchen dieses Problem dadurch aus der Welt zu schaffen, daß sie verstellbare Skates fertigen, die bis zu vier Kindergrößen umfassen – und erstaunlich gut sind.

Bei Skates für Kinder ist folgendes wichtig:

- ***Robuster Außenschuh, dem Risse, Kratzer und häufiger Mißbrauch auf Asphalt nichts ausmachen.***
- ***Hoher, beweglicher Schaft mit Riemen, der dem Knöchel flexiblen Halt verleiht.***
- ***Leichtes Verstellen und Schließen mit Spangen.***
- ***Weicher, herausnehmbarer Innenschuh und entsprechende Einlegesohle.***
- ***Chassis aus glasfaserverstärktem Nylon mit Fersenbremse als Standardausstattung, wobei zu sagen ist, daß viele Kinder in einer sicheren Umgebung gut ohne Bremse zurechtkommen.***
- ***Rollen in der Härte 82A mit ca. 70 mm Durchmesser und Kugellagern nach ABEC 1***

FITNESS-SKATES

Diese Art von Skate liegt mindestens eine Ebene über dem Fun-Skate und entspricht den Bedürfnissen von Skatern der zweiten und dritten Generation, die wissen, was sie wollen, und bereit sind, in bestmögliche Leistung zu investieren. Fitneß-Skates sind Fun-Skates vom Design her sehr ähnlich, erfüllen aber konstruktiv viel höhere Ansprüche.

Skates müssen passen und bequem sitzen und am Knöchel festen Halt bieten.

Wichtige Merkmale für Fitneß-Skates:

- ***Wahl zwischen starrer und flexibler Ausführung: Erfahrenere Skater sind nicht mehr so sehr auf starren Halt im Knöchelbereich angewiesen und bevorzugen daher möglicherweise die leichtere und angenehmer zu tragende flexible Variante; dabei muß aber sichergestellt sein, daß die Skates nicht über den Asphalt schleifen.***
- ***Leichtes, starres Chassis aus glasfaserverstärktem Nylon oder Aluminium, verstellbare Achsen, keine Fersenbremse.***
- ***Rollen mit ca. 76 mm Durchmesser und Härtestufe 78A für bessere Bodenhaftung, Kugellager bis ABEC 5 für Spitzenleistung; für Fitneß-Skater im oberen Leistungsbereich kommt auch ein gestrecktes Aluminium-Chassis mit fünf übergroßen 80-mm-Rollen der Härtestufe 78A für größtmögliche Geschwindigkeit bei schlechter Manövrierfähigkeit in Frage.***

SPEED-SKATES

Skate-Racing in der Spitzenklasse ist eine sehr spezielle Disziplin, die ganz besondere Skates erfordert.

Anforderungen an Speed-Skates:

- ***Handgenähte, geschnürte Lederschuhe mit starrer Sohle aus Kohlenstoffasern, am Knöchel niedrig geschnitten.***
- ***Vollkommen starres, superleichtes Alu-Chassis, 325 mm lang, mit fünf 80-mm-Rollen, ohne Freiraum zwischen Rollen und Sohle, Härtestufe je nach Bahn zwischen 78A und 86A, Kugellager nach ABEC 5.***

▷ *Spezielle Speed-Skates haben fünf Rollen.*

So passen die Skates:

- ***Skates müssen in erster Linie passen und bequem sitzen. Das Auge mag sich ja schnell für ein bestimmtes Modell entscheiden, aber jeder Fuß ist anders gebaut, und wenn im Skate nicht das richtige Gefühl aufkommt, ist er auch nicht der richtige. Deshalb die Skates immer anprobieren und nach Möglichkeit noch im Geschäft etwas probelaufen.***
- ***Die Skates müssen speziell am Knöchel, wo sie den meisten Halt geben, fest anschließen. Die Füße dürfen mit dünnen Socken keinen Bewegungsspielraum haben, die Zehen müssen gerade vorn anstoßen. Schnallen oder Schnürsenkel dürfen nicht so fest angezogen werden, daß der Blutfluß unterbrochen wird und die Füße taub werden.***
- ***Skates gibt es in britischen, amerikanischen und kontinentaleuropäischen Größen. Die amerikanischen sind etwa eine Nummer größer als die britischen Größen.***

INLINE-HOCKEY-SKATES

Hockey-Spieler bevorzugen im allgemeinen Skates nach Art traditioneller Eishockeystiefel aus genähtem Leder (oder Kunstleder) und Nylon mit Plastikkappe, Schnürsenkeln und größtmöglichem Luftaustausch. Dadurch ergibt sich ein sehr leichter Skate, der sich dem Fuß gut anpaßt und eine präzise Kraftübertragung ermöglicht, ohne daß der Fuß rutscht. Im Gegensatz zum Eishokkeystiefel, der schadlos über das Eis rutscht, wird der Hockey-Skate auf Asphalt oder auch auf dem Holzboden einer Sporthalle jedoch schnell zerkratzt.

Manche Hersteller haben im unteren Preisbereich sogenannte Hybridkonstruktionen im Programm, die aus einem Unterteil aus Hart-Polyurethan und einem genähten Oberteil bestehen – dabei sind im Unterteil sogar imitierte Nähte vorhanden! Andere setzen beim Hockey-Skate ganz auf die »Hard-Boot«-Technik und verbinden dabei Schnürsenkel zum Zubinden mit Knöchelriemen um den beweglichen Schaft. Beide Arten von Skates verschleißen nicht so schnell, sind aber schwerer und weniger gefühlvoll als der klassische Eishockeystiefel aus genähtem Leder.

△ *Hockey-Skates haben viel Ähnlichkeit mit Eishockeystiefeln.*

Allgemeine Anforderungen an einen guten Inline-Hockey-Skate:

- ***Klassischer genähter Aufbau oder harte Schale mit verstellbarem Schaft. Genähte Stiefel besitzen einen niedrigen Schaft und hinten nur eine Verstärkung, weil man davon ausgeht, daß bei Hockeyspielern die Fußgelenke sowieso kräftig genug sind.***
- ***Schnürsenkel zur präzisen Anpassung an den Fuß, bei starren Schuhen in Verbindung mit einem Knöchelriemen und beweglichem Schaft.***
- ***Superleichtes Chassis aus Magnesium, Aluminium oder glasfaserverstärktem Nylon mit hochstellbaren Achsen, keine Fersenbremse.***
- ***Rollen je nach Spielfläche mit ca. 76 mm Durchmesser und Härtestufe 84A, Kugellager bis ABEC 5.***

AGGRESSIVE-SKATES

Aggressive-Skates bilden für den Hersteller die größte Herausforderung, weil sie am meisten auszuhalten haben. Die größten Probleme bereitet das »Grinding« – Rutschen auf Geländern oder Bordsteinen, das das Chassis und alle anderen Kontaktflächen sehr stark in Mitleidenschaft zieht.

▷ *Aggressive-Skates sind klobig und robust.*

Typische Ausstattungsmerkmale eines Aggressive-Skates:

- ***Starre Konstruktion mit beweglichem Schaft, der zur besseren Manövrierfähigkeit niedrig geschnitten sein, den Knöchel aber noch fest stützen muß; Schaft und Außenschale austauschbar.***
- ***Große Sohlenfläche (zum Rutschen) und großer flacher Fersenbereich zum »Aufsetzen« beim Rutschen.***
- ***Verschluß mittels Schnürsenkeln, Knöchelriemen und Verschlußbügel im Schienbeinbereich.***
- ***Niedriges Chassis aus glasfaserverstärktem Nylon, voll höhenverstellbare Achsen, einstellbare Rutschfläche zwischen den mittleren Rollen; Befestigung am Schuh mit versenkten Nieten.***
- ***Kleine 57-mm-Rollen für optimale Manövrierbarkeit; Möglichkeit, weiche 88A-Rollen auf der Außenseite und harte 92A-Rollen auf der Innenseite zu kombinieren.***
- ***Austauschbare Grind-Plates oder H-Block zum Schutz des Chassis-Mittelbereichs oder entsprechend vorgefertigter Rahmen.***

▷ *Aggressive-Skates werden täglich mißbraucht und mißhandelt. Sie müssen einiges aushalten können, um das zu überleben!*

Der Skate im Detail

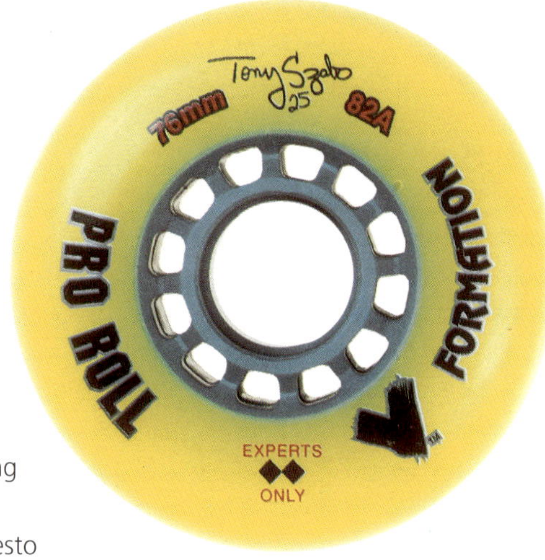

ROLLEN

Größen

Die Größe bemißt sich in Millimetern am Außendurchmesser der Rolle. Kleinere Rollen drehen und beschleunigen schneller und reagieren ausgezeichnet auf plötzliche Richtungs- und Lastwechsel. Sie erreichen keine hohe Spitzengeschwindigkeit. Größere Rollen sind langsamer in der Beschleunigung und weniger gut zu manövrieren, kommen dafür aber auf eine viel höhere Endgeschwindigkeit. Die Rollengrößen reichen von etwa 47 mm für das Aggressive-Skating über ca. 60 mm für Kinder und 72 mm für Fun- und Fitneß-Skater bis hin zu etwa 80 mm für das Spped-Skating.

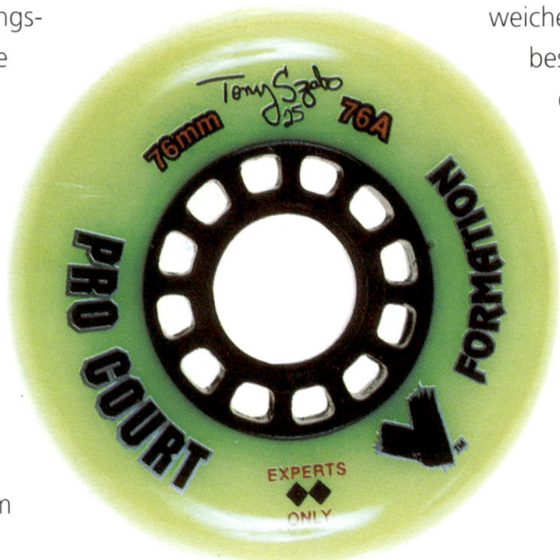

Härte

Die Rollenhärte (»Durometer«) reicht von 74A (weich) bis 100+A (hart). Sie steht in direktem Verhältnis zu Leistung, Haltbarkeit, Stoßdämpfung und Bodenhaftung. Je weicher die Rolle, desto besser die Bodenhaftung und desto ruhiger der Lauf, aber desto stärker auch der Verschleiß oder Abrieb. Je härter die Rolle ist, desto schneller läuft sie auch, aber gleichzeitig läßt die Haftung nach; mit zunehmender Härte wird der Verschleiß geringer, allerdings zu Lasten der Stoßdämpfung.

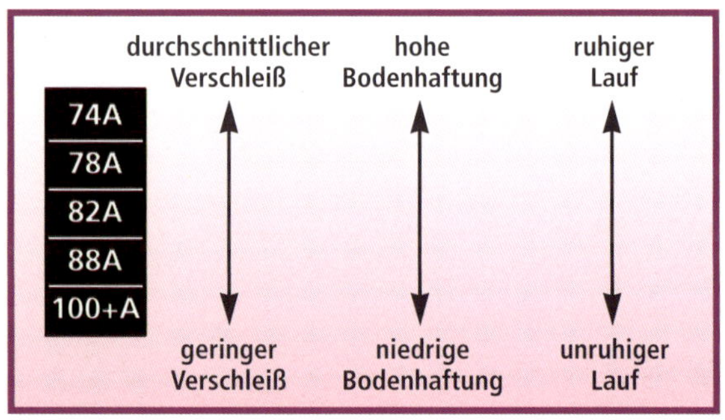

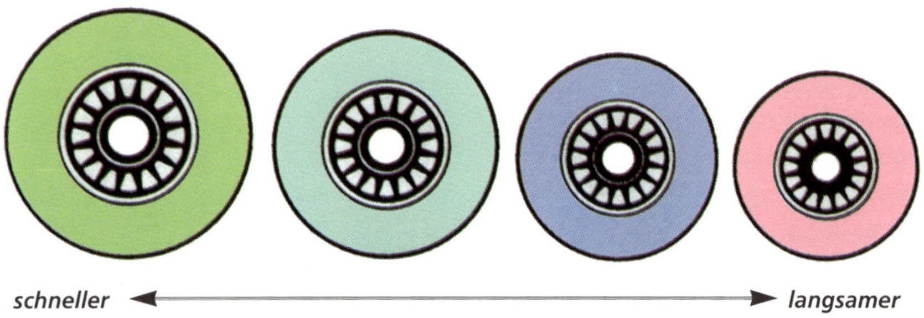

Kern

Der Kern der Rolle hält die (in einer Art Kassette befindlichen) Kugellager an Ort und Stelle. Er besteht aus einer sehr harten Urethanverbindung, die direkt mit dem »Reifen« verklebt ist. Ein gut konstruierter, qualitativ hochwertiger Kern verhindert Seitenspiel, verlängert die Lebensdauer des Kugellagers und trägt dazu bei, daß die Rolle leicht ist.

Profile

Die Fläche der Rolle, die auf dem Boden aufliegt, schwankt zwischen schmal und spitz zulaufend für das Speed-Skating und nahezu eben für das Aggressive-Skating. Ein schmales Profil bietet am wenigstens Rollwiderstand und ermöglichst eine maximale Geschwindigkeit, bietet aber wenig Stabilität und verschleißt schneller. Ein breites Profil ist stabiler, aber viel langsamer, und wird meist von Aggressive-Skatern verwendet.

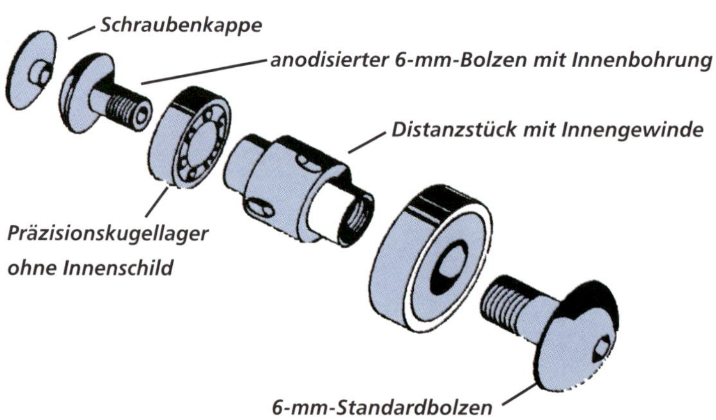

Material

Der äußere Teil der Rolle – der »Reifen« – besteht aus einer Urethanverbindung, deren Eigenschaften sich je nach gewünschter Anwendung modifizieren lassen. Die Chemiker bei den großen Rollenherstellern müssen ein Gleichgewicht finden zwischen den zueinander im Widerspruch stehenden Forderungen nach Haftung, Schnelligkeit und Verschleiß. Eine weitere Überlegung gilt dem »Rückprall« des Reifens, der dafür verantwortlich ist, wieviel Energie nach jedem Aufsetzen auf dem Boden als Antrieb an den Skater zurückgeliefert wird.

Haltbarkeit

Ein Satz guter Rollen ist teuer, so daß die Haltbarkeit schon eine wichtige Überlegung darstellt. Außer durch Material und Profil wird die Haltbarkeit beeinflußt durch folgende Faktoren:

◆ Belag des Bodens – ein rauher Belag läßt die Rollen schneller verschleißen als ein glatter.

◆ Gewicht des Skaters und Übertragung dieses Gewichts durch den Skating-Stil auf die Seiten der Rollen.

◆ Art des Skatings – Aggressive-Skating stellt besonders auf Straßen harte Anforderungen an die Rollen.

Umsetzen

Die Abstoßbewegung beim Skating erfolgt über die Innenseite, so daß sich das Profil der Rollen innen stärker abnutzt als außen. Auch an den vorderen, hinteren und mittleren Rollen zeigt sich unterschiedlicher Verschleiß.

Um die Abnutzung hinauszuzögern und möglichst viel von einem Satz Rollen zu haben, sollten die Rollen im Chassis umgesetzt werden, sobald sich Verschleißerscheinungen bemerkbar machen. Dazu tauscht man gemäß nebenstehender Abbildung Rolle 1 gegen Rolle 3 und Rolle 2 gegen Rolle 4 am jeweils anderen Skate und dreht sie gleichzeitig um, so daß die abgenutzte Seite nach außen zeigt. ▷

△ *Aggressive-Skating ist die schnellste Möglichkeit, einen Satz Rollen zu verschleißen.*

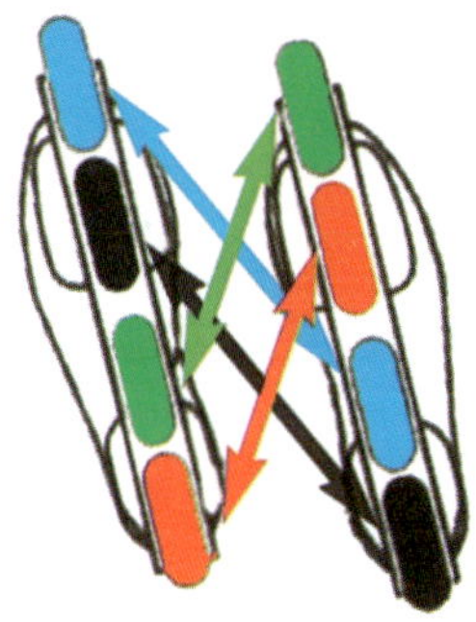

Hockeyspieler setzen die beiden mittleren Rollen oft tiefer, um sich schneller drehen zu können.

Höhersetzen (»Rockering«)

Der Begriff »Rockering« stammt aus dem Surfsport und definiert, wie stark ein Surfbrett gebogen ist, um die Wendefähigkeit auf einer Welle zu erhöhen. Diese Konzeption wurde insoweit für das Inline-Skating übernommen, als die Rahmen teilweise mit Distanzstücken ausgestattet sind, mit deren Hilfe die Rollen höher- oder tiefergesetzt werden können.

In den meisten Fällen werden die beiden mittleren Rollen tiefergesetzt, so daß die vordere und die hintere Rolle bei waagerechtem Skate keinen Kontakt mit dem Boden haben und der Skate sich schneller drehen läßt. Eine Alternative besteht darin, unterschiedlich große Rollen zu verwenden.

Neu gegen alt?

Abgenutzte Rollen lassen sich neu profilieren, werden dadurch aber natürlich kleiner. Als Laie wird man es dabei schwer haben, ein glattes Profil mit gleichmäßigem Durchmesser zu erzielen, wenn kein Spezialwerkzeug wie etwa das in Kalifornien hergestellte »Wheel Hog«-System verfügbar ist, das auf eine elektrische Bohrmaschine aufgesetzt wird.

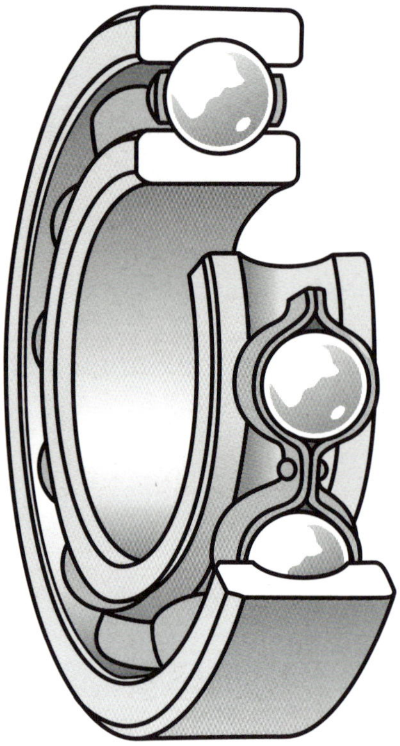

Zeichnung: Neil Dixon, Cthree Creative

Als allgemeine Richtlinien gelten:

- ABEC 1 und 3: bis 10.000 U/min (elektrische Bohrmaschinen usw.)
- ABEC 5: bis 30.000 U/min (Formel-1-Rennwagen usw.)
- ABEC 7: bis 50.000 U/min (Hochgeschwindigkeitsbohrer)
- ABEC 9: bis 120.000 U/min (Luft- und Raumfahrt)

Je höher die ABEC-Einstufung ist, desto reibungsloser und schneller läuft das Lager. Was heißt das nun für den Skater? Bei 40 km/h drehen sich 66-mm-Rollen beispielsweise mit 3.110 U/min, während größere 76-mm-Rollen nur auf 2.720 U/min kommen.

Wer etwa meint, längere Strecken bergab mit 130 km/h auf ABEC-5-Lagern laufen zu müssen, könnte damit rechnen, daß die Hitze, die sich in einer nicht belüfteten Nabe entwickeln würde, die Rollen schmelzen ließe.

△ ***Speed-Skater brauchen die besten Kugellager, die für Geld zu haben sind. Schnelligkeit ist für sie alles.***

△ ***Für Aggressive-Skater steht Zuverlässigkeit und nicht Geschwindigkeit bei den Kugellagern an erster Stelle.***

KUGELLAGER

Das Kugellager läuft umso besser, je kleiner die Toleranzen im Gehäuse sind; die wichtigste Rolle spielt dabei die Toleranz zwischen den Kugeln und der Laufrinne, in der sie sich bewegen. Je kleiner diese Toleranz ist, desto reibungsloser, schneller und ruhiger dreht sich das Lager.

Was bedeutet ABEC?

Die meisten Kugellager für Inline-Skates sind angeblich nach ABEC eingestuft. ABEC ist die Abkürzung für »Annular Bearing Engineering Committee« (etwa: Technisches Komitee für ringförmige Lager), das die Kugellager nach der Präzision der Drehbewegung bewertet. Das dabei angewandte System wird von den Herstellern qualitativ hochwertiger Kugellager festgelegt und weltweit mit den für Normen zuständigen Stellen abgesprochen, um eine gemeinsame Grundlage für Kugellager aller Art zu bekommen.

Die ABEC-Norm dient als Richtschnur für Hersteller, Kunden und Öffentlichkeit. Sie spezifiziert die Grenzabmessungen und Toleranzen für die Laufgenauigkeit und das innere Spiel von Kugellagern. Diese Toleranzen beginnen bei ABEC 1 und enden bei ABEC 9. Dabei handelt es sich um Minimalforderungen, und die meisten bekannten Hersteller produzieren Lager mit engeren Toleranzen. Der wesentliche Unterschied besteht darin, daß die Toleranzen von ABEC 1 und 3 bis ABEC 5, 7 und 9 immer kleiner werden.

Ein paar Überlegungen

Die ABEC-Etikettierung ist keine Garantie, daß das Lager von höchster Qualität ist. So kann es beispielsweise sein, daß ABEC-1-Lager eines renommierten Herstellers hochwertiger sind und länger halten als ABEC-5-Lager eines unbekannten Herstellers.

Um die Sache noch komplizierter zu machen, ist eine ABEC-Zahl auf einem Lagerschild keine Garantie für eine ABEC-Norm, weil die Lager zur Einstufung in voll zusammengebautem Zustand mit angebrachten Schilden geprüft werden und Ausschuß möglich ist. Das bedeutet wiederum, daß die meisten Hersteller auf den Lagerschilden keine ABEC-Nummern anbringen.

Pflege der Kugellager

Wenn die Kugellager naß werden, rosten sie und verlieren ihre guten Laufeigenschaften. Deshalb möglichst nicht bei Regen und auf keinen Fall durch Pfützen laufen. Wenn die Rollen doch einmal naß werden, muß der Mittelbereich möglichst bald mit einem Fön getrocknet werden. Nach längerem Gebrauch kommt es zu Verschleißerscheinungen, die Lager drehen sich nicht mehr frei. Das Lagergehäuse der einzelnen Rollen läßt sich mit Hilfe eines Inbusschlüssels und eines »Ausziehers« ausbauen und ersetzen. Man kann die Lager auch auseinandernehmen und säubern, doch das sollte bei guten Lagern im Zweifelsfall unterbleiben. Die Lager werden beim Hersteller unter Reinraumbedingungen zusammengesetzt, und durch den Ausbau der Lagerschilde oder durch Verwendung verschmutzter Öle könnten die Laufringe beschädigt werden. (Weitere Hinweise zu Ausbau und Pflege der Lager finden sich auf den Seiten 92/93.)

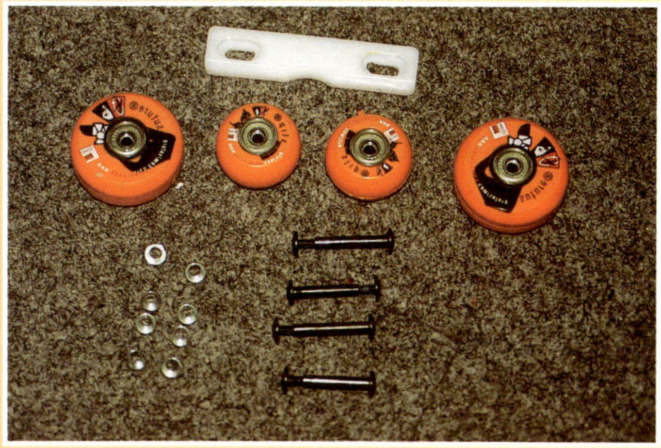

△ ***Begeisterte Skater müssen sich damit anfreunden, Rollen, Lager und andere Teile auseinanderzubauen.***

◁ ***Das Lagergehäuse läßt sich von beiden Seiten einsetzen.***

▷ ***Die Lager von Aggressive-Skates müssen regelmäßig auf reibungslosen Lauf geprüft werden.***

Eine Reihe sehr wichtiger Eigenschaften wird bei der ABEC-Einstufung nicht erfaßt, nämlich:

1. Innenkonstruktion, Qualität und Verarbeitung eines Kugellagers
2. Verarbeitung des Laufrings
3. Anzahl und Größe sowie Oberflächenverarbeitung der Kugeln
4. Material, Konstruktion und Toleranzen des Gehäuses
5. Materialspezifikation – Feinheit, Sauberkeit, Härte und maschinelle Verarbeitung aller beweglichen Teile
6. Radialspiel und Schmierung

Hinweis: Lager für die besonders hohe Beanspruchung beim Streetstyle-Skating und beim Springen sollten von einem Spitzenhersteller kommen, der die Kugeln und Laufringe aus Chromstahl fertigt. Qualitativ schlechtere Lager werden durch das Springen unrund.

△ ***Die Auswahl an Rollen ist riesig: hier kleine Rollen für das Aggressive-Skating.***

Schutzausrüstung

Das Inline-Skating ist ein ungefährlicher Sport, solange gewisse Vorsichtsmaßnahmen getroffen werden. Unerfahrene Skater können durchaus so schnell werden, daß sie Probleme bekommen, und bei einem Sturz ist der Boden meist sehr hart. Deshalb ist es nur sinnvoll, immer Schutzausrüstung zu tragen. Nicht wenige Skater laufen ohne jeglichen Schutz. Dabei ist eins ganz sicher: Nur die wenigstens sind so gut, daß sie sich das leisten können, alle anderen gehen das Risiko ein, plötzlich im Krankenhaus zu landen!

▷ Mit Vernunft und Verstand skaten – immer die richtige Schutzausrüstung anlegen.

Gefahrenstufen

◆ Fun- und Fitneß-Skater sollten selbstverständlich Knie- und Handgelenkschützer tragen. Ellbogenschützer sind zu empfehlen, mit zunehmender Erfahrung aber nicht unbedingt erforderlich.

◆ Speed-Skater am oberen Ende der Leistungsskala müssen einen Helm tragen, dürfen aber ohne Schützer an Rennen teilnehmen, damit sie sich frei bewegen können. Es handelt sich hier um ganz erfahrene Sportler, die sich der Folgen eines Sturzes bewußt sind. Andere Skater, die an organisierten Fun-Rennen teilnehmen, sollten die volle Schutzausrüstung mitsamt Helm anlegen.

◆ Aggressive-Skater müssen auf Skating-Bahnen und bei Wettbewerben einen Helm tragen. Je nach Skating-Stil sollten sie auf Knie- und Handgelenkschützer sowie Schienbeinschützer und gepolsterte Shorts zurückgreifen. Ein Helm ist jederzeit zu empfehlen. (Siehe auch das Kapitel »Ausrüstung für Aggressive-Skater« auf S. 40/41.)

◆ Hockey-Spieler, die in einem Verband organisiert sind, haben bei der Wahl der Schutzausrüstung gar keine Wahl, da sie ohne die vorgeschriebene Schutzausrüstung gar nicht auflaufen dürfen. Spezifische Hinweise zur Schutzausrüstung beim Inline-Hockey finden sich auf S. 72-77.

Handgelenkschützer und Handschuhe

Handgelenkschützer oder Schutzhandschuhe sind aus zwei Gründen unerläßlich:

1. Beim Sturz nach vorn muß man auf die Knie (mit Schützern) und die Handfläche fallen können, ohne sich zu verletzen.
2. Beim Sturz nach hinten versucht man automatisch, den Körper bei gespreizten Fingern mit den Handflächen abzufangen. Das Problem dabei ist, daß die Handgelenke dafür nicht stabil genug sind und ohne entsprechenden Halt und Schutz umknicken oder brechen.

Der klassische Handgelenkschützer bedeckt die Handfläche und das Gelenk, die Finger bleiben frei. Befestigt wird er mit Klettband. Das Gelenk wird durch stabile Kunststoffschienen gestützt, über dem Handballen befindet sich eine Plastikeinlage, auf der man bei angehobenen Fingern ohne Verletzungsgefahr über den Asphalt rutschen kann. Als Alternative kommen Skate-Handschuhe in Frage. Bei diesen Handschuhen aus dünnem Leder oder Wildleder mit Kevlar-Einsätzen ist allerdings zu beachten, daß sie teilweise zwar toll aussehen, aber oft nicht den Schutz für Gelenk und Handballen bieten, der mit den etwas klobiger aussehenden Handgelenkschützern erreicht wird. Deshalb kommen sie eigentlich nur für sehr erfahrene Skater in Betracht.

▽ Handgelenkschützer sind in allen möglichen Ausführungen zu haben, sie müssen aber immer Handfläche und Gelenk gleichzeitig schützen.

▷ Knieschützer bilden das erste Bollwerk gegen Verletzungen. Wichtig ist, daß sie sicher und bequem sitzen.

SICHERHEIT ÜBER ALLES

- ***Immer dem Können angemessene Schutzausrüstung tragen.***
- ***Handgelenkschützer, Knieschützer, Helme und andere Schutzvorrichtungen sollen nur die Gefahr einer Verletzung mindern; verhindern können sie sie nicht.***
- ***Immer »auf der sicheren Seite« bleiben und das eigene Können nicht überschätzen.***

△ Alle wichtigen Bereiche geschützt – Kopf, Ellbogen, Knie, Handgelenke, Handflächen und Knöchel.

Knie- und Ellbogenschützer

Knieschützer sind absolut unerläßlich. Jeder Skater läßt sich im Notfall auf die Knie fallen, um zum Halten zu kommen, und dabei nehmen die Knieschützer den Aufprall auf. Ellbogenschützer sind im wesentlichen kleinere Knieschützer. Getragen werden sollten sie von Anfängern und allen, die Aggressive-Skating in irgend einer Form betreiben.

Gute Schützer werden durch verstellbare Riemen und Klettband an Ort und Stelle gehalten. Über einer dicken Polsterung sitzt eine harte Kunststoffschale, die alles aushält, was der Asphalt bei einem Sturz anrichtet. Die Schützer dürfen bei einem Sturz nicht verrutschen, und die äußere Schale muß fest mit der Polsterung verbunden bleiben. Das wird bei den meisten Schützern mit Nieten erreicht. Einige Hersteller bieten aber auch aufklebbare Schalen als Ersatz für alte abgenutzte an.

Für Fun-Skater reichen im allgemeinen leichte Schützer völlig aus. Aggressive-Skater hingegen benötigen insbesondere beim Rampen-Skating mit seinen schwereren und häufigeren Stürzen eine robustere Ausführung, die einen größeren Bereich abdeckt. Für alle Anwendungen gilt, daß die Schützer bequem sitzen müssen, nicht scheuern und verrutschen dürfen, die Bewegungsfreiheit nicht einschränken dürfen und den größtmöglichen Schutz bieten müssen, ohne daß man darunter zu sehr schwitzt.

Fun- und Fitneß-Skating

Mit dem Fun-Skating fängt alles an. Skates anziehen, ein paar Runden drehen, Spaß haben, neue Techniken erarbeiten und Freunde treffen. Ob Londoner Hyde Park, Venice Beach in Los Angeles oder Münchner Innenstadt – überall auf der Welt bevölkern Fun-Skater Wege und Straßen, Promenaden und Fußgängerzonen und erfreuen sich an einem Sport ohne Schranken, der allen Altersgruppen offensteht.

Fitneß-Skating liegt eine ganze Stufe darüber. Dabei geht es um mehr als gemütliches Dahinrollen und auch um mehr als das tägliche Training auf Rollen. Fitneß-Skater sind eine zunehmend größere Gruppe von erfahrenen Fun-Skatern, die den Wert von qualitativ hochwertiger Konstruktion in Verbindung mit entsprechenden Materialien und Komponenten zu schätzen wissen. Sie wollen ihren Sport mit der besten Ausrüstung betreiben, die es gibt, und in Form und Funktion zu neuen Ufern aufbrechen, während sie die Möglichkeiten einer ernsthafteren Sinngebung im Skating erkunden.

Übung macht den Meister

BEVOR ES LOSGEHT

Wo übt es sich am besten? Ideal ist ein Park, abseits vom Straßenverkehr, wo genügend Platz ist und andere nicht gestört werden. Der geeignetste Platz für Anfänger ist ein Stück ebener, glatter Asphalt neben einer Grasfläche, die als »Auslauf« und zum Anhalten dienen kann.

Richtig fallen

Am Anfang steht der Sturz; wer nicht fällt, versucht es nicht richtig. Das richtige Fallen will gelernt sein. Knie- und Handgelenkschützer verhüten dabei unangenehme Nebenwirkungen. Zu beachten ist:

◆ Möglichst nicht hintenüber fallen, weil dabei die Gefahr besteht, daß die Wirbelsäule und die Handgelenke Schaden nehmen. Das zu vermeiden ist nicht schwer – einfach den Körper in der richtigen »Grundhaltung« nach vorn gebeugt halten. Diese Grundhaltung ist das erste, was es zu erlernen gilt.

◆ Wenn ein Sturz bevorsteht, beugt man am besten die Knie, damit die Knieschützer den ersten Aufprall aufnehmen. Arme nach vorn bringen und die Ellbogenschützer aufsetzen. Jetzt erst die Handgelenkschützer mit der Kunststoffeinlage auf den Boden bringen. Finger und Kinn hochhalten, damit sie keine Schrammen bekommen.

◆ Wer gestürzt ist, muß natürlich auch wieder auf die Beine kommen. Das läuft – so unwürdig das auch aussehen mag – auf eine Ausgangsposition auf allen Vieren heraus, also auf Händen und Knien. Ein Knie anheben, den Skate aufsetzen und den Körper in aufrechte Stellung bringen, die Arme seitlich am Körper halten. Abstoßen und aufstehen, dabei darauf achten, daß das Gewicht etwas nach vorn verlagert ist.

Grundhaltung

Der Körperschwerpunkt wird durch leichtes Einknicken in Knien und Knöcheln nach unten verlagert. Weiterhin muß der Oberkörper in der Taille nach vorn gebeugt werden. So erreicht man ein optimales Gleichgewicht mit dem Schwerpunkt über den Skates. Diese Haltung muß in der Lernphase immer beibehalten werden.

ÜBERPRÜFEN DER SKATES

◆ Es ist darauf zu achten, daß an den Skates nichts lose sitzt und Achsen und Bolzen fest angezogen sind.

◆ Die Rollen müssen sich frei drehen. Wenn sie langsam laufen oder schleifen, müssen sie gesäubert (s. Seiten 92/93) oder ausgetauscht werden.

◆ Rollen auf Verschleiß prüfen und gegebenenfalls umsetzen (s. Seiten 16/17) oder austauschen.

◆ Darauf achten, daß der Bremsklotz richtig sitzt und die Schraube fest angezogen ist.

◆ Bremsklotz auf Abnutzung prüfen. Bremsklotz tiefer setzen, wenn er verstellbar ist, oder austauschen.

ABSTOSSEN UND GLEITEN

Alles klar? Freie Bahn? Jetzt kommt der erste Skating-Schritt. Rechten Skate leicht nach hinten außen setzen, abstoßen und mit dem Gewicht voll auf dem linken Skate gleiten. Bewegung mit dem linken Skate wiederholen, Gewicht auf den rechten Skate verlagern und den linken Skate wieder unter den Körper bringen.

Gleichmäßigen Rhythmus aufbauen. Links abstoßen, Gewicht auf den rechten Skate verlagern, linken Skate gerade aufsetzen, rechts abstoßen, Gewicht auf den linken Skate verlagern und so weiter. Erfahrene Fun-Skater bieten ein gutes Beispiel dafür, wie graziös und flüssig die einzelnen Bewegungen ineinander übergehen. Aggressive-Skater taugen nicht zur Anschauung, weil sie eine Art Staccato-Stil pflegen, um vor einem Trick möglichst schnell zu werden. Hier geht es zunächst darum, eine ununterbrochene flüssige Bewegung zu erreichen.

FERSENSTOPP

Anhalten zu können ist ungeheuer wichtig. Anfänger bedienen sich dazu der Fersenbremse, über die die meisten Skates verfügen. Zur richtigen Ausführung muß man sich in der Grundhaltung mit dem Schwerpunkt über den Skates befinden.

Bereit? Den Bremsfuß (das ist bei den meisten Skatern der rechte) nach vorn bringen, die vorderen Rollen anheben und den Bremsklotz gegen den Boden drücken. Das Gewicht immer stärker auf den Bremsklotz verlagern. Auf diese Weise wird man immer langsamer und kommt schließlich zum Halten. Es geht hier also nicht um ein sofortiges Anhalten, sondern eher um ein kontrolliertes Abbremsen.

T-Stopp

Der T-Stopp als zweite Bremstechnik ist wichtig für Skater, die ohne Fersenbremse laufen (für Anfänger nicht zu empfehlen). Dabei werden die Skates in eine T-Stellung gebracht, in der der hintere Skate seitlich über den Boden schleift. Dazu müssen etwa 60 Prozent des Körpergewicht auf dem vorderen und die restlichen 40 Prozent auf dem hinteren Skate liegen.

Eine Voraussetzung für den T-Stopp ist, daß man das Gleichgewicht wahren kann, wenn man auf dem vorderen Skate gleitet und gleichzeitig den hinteren Skate anhebt, nach hinten führt und quer zur Laufrichtung mit allen vier Rollen gleichzeitig aufsetzt. Wenn die Rollen nicht gleichmäßig aufgesetzt werden oder die Skates keinen genauen rechten Winkel bilden, kommt es zum sogenannten »Spin-Stopp«, bei dem man sich um den hinteren Skate dreht. Aber auch das ist eine gute Möglichkeit, zum Halten zu kommen.

Hinweis: Der große Nachteil des T-Stopps besteht darin, daß er den Verschleiß an den Innenkanten des Bremsskates nicht gerade vermindert.

POWERSLIDE

Der Powerslide ist eine Bremstechnik, die das Anhalten aus schnellem Lauf ermöglicht. Er ist nützlich für Notsituationen, erfordert aber relativ viel Platz. Außerdem braucht man schon ein gewisses Können und muß den Fersen- und den T-Stopp beherrschen.

Der Powerslide ist dem T-Stopp nicht unähnlich, erfordert aber eine heftige, dynamische Bewegung. Der Skater balanciert mit leicht gebeugtem Knie auf dem linken Bein und setzt den rechten Skate quer zur Laufrichtung mit ausgestrecktem Bein so hinter sich auf, daß die Innenkanten der Rollen und der Boden einen Winkel von etwa 45 Grad bilden. Das ergibt eine Vollbremsung, die allerdings mit hohem Verschleiß an den Rollen zu bezahlen ist. Der Powerslide erfordert völlige Konzentration und viel Selbstvertrauen.

CROSS-OVER

Das Cross-over oder Übersetzen ist eine flüssigere Form des Skatings, die Richtungsänderungen unter Beibehaltung des Tempos ermöglicht. Die Technik besteht darin, den Körper in die Kurve zu legen und den Außenskate nach vorn über den Innenskate zu führen; dabei muß genügend Platz bleiben, um sich mit dem Innenskate wieder abstoßen zu können. Diese Bewegung wird wiederholt, bis die Kurve geschafft ist.

RICHTUNGSÄNDERUNG

Besonders Skiläufer sollten mit Richtungsänderungen beim Inline-Skating keine Probleme haben. Um nach rechts zu drehen, wird der Druck auf die Innenkante des linken und die Außenkante des rechten Skates verlagert. Zehenspitzen und Hüften müssen in die gewünschte Richtung zeigen, der Körper folgt von allein. Je stärker der Druck, desto schneller und enger wird die Drehung. Die Bewegung weist große Ähnlichkeit mit dem Parallelbogen auf Schnee auf – der Unterschied liegt im wesentlichen darin, daß sie es viel leichter macht, eine Reihe flüssiger, slalomartiger Kurven auszuführen.

SURFEN

In der »Surfhaltung« verbinden erfahrenere Skater Elemente von Snow- und Skateboard-Fahren mit dem Inline-Skating. Die gekonnte Bewegung macht es möglich, problemlos Kurven zu laufen, auf den Skates zu springen, Powerslides auszuführen und Abfahrten mit unglaublichem Tempo zu meistern. Für Anfänger kommt diese Haltung nicht in Betracht!

Problemlos Kurven laufen? Die Lösung liegt in der Surfhaltung, die sich mit Rückwärtslaufen, Übersetzen und Richtungsänderungen kombinieren läßt.

Kleine Hindernisse wie Bordsteinkanten überwinden? Auch das geht prima in der Surfhaltung: Auf dem vorderen Skate abspringen, den hinteren nachziehen.

SKATING-GRUNDREGELN

Skater:

- ***sind stets aufmerksam und höflich;***
- ***wissen, wie man bremst, laufen nicht zu schnell, wissen, wie man Kurven läuft, und beherrschen die grundlegenden Manöver;***
- ***halten sich rechts, überholen links und zeigen gegenüber Fußgängern an, in welche Richtung sie laufen;***
- ***lassen Fußgängern auf Fußwegen u. ä. den Vortritt;***
- ***tragen stets Schutzausrüstung mit Handgelenk-, Knie- und Ellbogenschützern sowie Helm als kluge Vorsichtsmaßnahme;***
- ***achten jederzeit auf Hindernisse wie Unebenheiten im Bodenbelag, Wasser, Öl und Hinterlassenschaften von Hunden (Schuld ist der Besitzer – nicht der Hund), damit sie nicht ausrutschen oder stürzen;***
- ***meiden Bereiche oder Gegenden mit Autoverkehr.***

Rückwärts laufen

Rückwärts zu laufen, macht immer einen guten Eindruck und zieht jede Menge Bewunderer an. Man stößt sich mit dem linken Skate nach außen ab und achtet dabei darauf, daß etwa 60 Prozent des Körpergewichts auf dem rechten Skate ruhen. Im Rückwärtsgleiten das Gewicht voll auf den rechten Skate verlagern, den linken Skate vorn herumführen und wieder von vorn beginnen. Daran denken, nach hinten Ausschau zu halten!

»Grape-Vine«

Die Grape-Vine ist Spaß pur. Man läuft dabei auf einer geraden Linie, wechselt aber zwischen vorwärts und rückwärts – und man braucht dazu nicht mehr, als die Beine zu kreuzen!

Aus der breitbeinigen Ausgangsstellung wird der rechte Skate im Kreis hinter den linken geführt, so daß der Körper eine Drehung von 180 Grad vollführt und sich rückwärts in Bewegung setzt. Jetzt den rechten Skate vor den linken und unter Fortsetzung des Rückwärtslaufs – hier wird es etwas schwierig – den linken wieder vor den rechten Skate führen, so daß eine weitere Drehung um 180 Grad erfolgt und die Fahrt wieder vorwärts geht. Damit ist die erste Grape-Vine vollendet, und es kann wieder von vorn losgehen.

»Barrel-Roll«

Die Barrel-Roll ist ein Trick, mit dem man zu jeder Art von Rhythmus tanzen kann. Man läuft dabei im Kreis und vollführt gleichzeitig Drehungen.

Zu Beginn läuft man auf dem rechten Skate vorwärts, während der linke keine Bodenberührung hat. Dann wird der linke Skate aufgesetzt, so daß man automatisch rückwärts läuft und eine Kreisbewegung beginnt.

Mit angehobenem rechten Skate weiter rückwärts laufen, und sobald der rechte Skate wieder den Boden berührt, den linken Skate anheben, so daß man automatisch wieder vorwärts läuft. Wenn der Kreis mit einer vollen Drehung vollendet ist, beginnt das Ganze wieder von vorn.

Kultplätze des Inline-Skatings

Bei der weltweit großen Auswahl können hier natürlich nur einige wenige der bedeutendsten Skating-Hochburgen kurz vorgestellt werden.

LONDON

Die meisten Fun-Skater in Zentrallondon sind im Hyde Park anzutreffen. Die für das Inline-Skating freigegebenen Bereiche sind eindeutig gekennzeichnet. Sehr lebhaft ist die Szene zwischen dem Westende des Parks bei Kensington Gardens und dem Ostende der »Serpentine«. Die gesperrte Straße beim Albert Memorial ist ein beliebter Treffpunkt für Straßenhockeyspieler und Slalomläufer.

An anderen Stellen sind die Bedingungen nicht so gut, weil das Inline-Skating in den königlichen Parks in London fast überall verboten ist. Dazu gehören Primrose Hill, Regent's (außer vor acht Uhr), Holland, Green, St. James, Bushy, Greenwich und Richmond Park. Begrenzt zugänglich für Inline-Skater sind Battersea, Victoria, Queens, Finsbury und Clissold Park. Dazu trifft sich an schönen Sommerabenden ein lebhaftes Skater-Völkchen am Trafalgar Square.

FLORIDA

Florida ist eine großartige Gegend für's Inline-Skating. Speziell Miami mit der South Beach ist ein wahres Paradies. Jeder läuft dort auf Skates herum. Es gibt dort schier endlos weite Skating-Möglichkeiten in einer Gegend, in der die Inline-Skates als alternatives Verkehrsmittel so akzeptiert sind, daß die Leute damit auch zur Arbeit laufen. Andere gute Stellen in Florida sind Daytona Beach, Fort Lauderdale und Tampa. Am meisten los ist im Juni und im Juli; im August wird es zu warm, aber die langen trockenen Wintermonate bieten schon wieder ideale Voraussetzungen. Überall findet man Skate-Shops, in denen die Ausrüstung teilweise erheblich billiger ist als in Europa.

NEW YORK

Freizeit-Skater treffen sich in New York in erster Linie im Central Park in Manhattan, wo die Durchgangsstraßen am Wochenende für den Verkehr gesperrt sind, so daß die Skater das Kommando übernehmen können. Dort tummeln sich Vertreter aller Altersstufen vom Anfänger bis zum Extrem-Skater und von der Großfamilie bis zum Speed-Skater mit Turbolader.

Beliebt ist in Manhattan auch der Henry Hudson Parkway, eine Promenade am Hudson River. Dort treffen sich an schönen Abenden eher die Zwanzig- bis Dreißigjährigen und laufen in geselligen Gruppen. Und wer schon einmal in Manhattan ist, sollte auch noch einen Abstecher zum Riverside Skate Park machen, die angesagte Aggressive-Anlage in der 108th Street West.

KALIFORNIEN

Venice Beach und Santa Monica Beach in Los Angeles gelten vielfach als Mekka für Inline-Skater. Ein zweispuriger Rad- und Skateweg führt dort kilometerweit am Meer entlang und bietet Skatern aller Art ein weitläufiges Betätigungsfeld. Auf den großen Parkplätzen finden sich Skate-Shops und -Verleiher.

»ONE GLOBE – ONE SKATE«

Unter dem Motto »One Globe – One Skate« (OGOS) führte 1997 ein unglaublicher 10.000-km-Lauf in über drei Monaten rund um die Welt. Die fünf Skater, die das OGOS-Team bildeten, waren von der Sporthochschule Köln aus über 1.000 Bewerbern ausgewählt worden. Grit Lange (Deutschland), Dan Filner (USA), Akhiro Sawauchi (Japan), Mark Gibson (Australien) und Nobleman Matsa (Südafrika) starteten zu ihrem »Marathon gegen Rassismus« an der Tower Bridge in London und liefen über Holland, Deutschland, Österreich, die Schweiz, Italien und Frankreich nach Spanien.

Nach der Atlantiküberquerung ging es weiter durch die USA und Kanada und von dort über Malaysia, Singapur, Japan, Australien und Südafrika, wo ein Treffen mit Nelson Mandela, dem Schirmherrn der Veranstaltung, auf dem Programm stand, zurück nach Europa zum Zielpunkt, dem Brandenburger Tor in Berlin.

Speed-Skating

Skating-Rennen sind eine Disziplin, in der das Fitneß-Skating seinen extremen Höhepunkt findet und sich absolutes Können auf Skates mit der Spannung eines Bahnrennens vereinigt. Tempo, Taktik und äußerste Fitneß – das ist es, was zählt auf den obersten Ebenen eines Sports, der Nerven wie Drahtseile verlangt, wenn man in einer dicht gedrängten Traube von Läufern um die Bahn rast und auf den passenden Augenblick wartet, um sich aus dem Windschatten des Vordermannes zu lösen und den entscheidenden Sprint ins Ziel anzuziehen. Aber Tempo ist nicht den Champions vorbehalten. Wie beim Fun-Skating haben Skater fast aller Altersstufen und fast jeden Niveaus die Gelegenheit, den »Rausch der Geschwindigkeit« zu erleben, wenn beispielsweise bei großen Rennveranstaltungen auch »offene« Läufe als Fun-Rennen für jedermann abgehalten werden.

BAR
CAFE
GREAT BRITAIN
RAYMOND WEIL
RAYMOND WEIL

Grundlagen

SPORTVERBÄNDE

Eine ganze Reihe von nationalen und internationalen Verbänden befaßt sich mit der Ausrichtung von Speed-Skating-Veranstaltungen. Der jährliche Veranstaltungskalender umfaßt alles von vereinsinternen Bahnrennen bis hin zu großen Marathonrennen auf eigens abgesperrten öffentlichen Straßen. Am obersten Ende der Skala stehen internationale Grand-Prix-Rennen über verschiedene Distanzen, während sich auf niedrigerem Niveau Fun- und Fitneß-Skater aller Altersstufen bei den von den Vereinen veranstalteten Fun-Rennen versuchen können.

Diese Fun-Rennen bieten den Teilnehmern die Gelegenheit, in einem sicheren, kontrollierten Umfeld erste Erfahrungen im Strecken- und Speed-Skating zu sammeln und dabei von den Kenntnissen erfahrener Speed-Skater zu profitieren.

SPEZIELLE SPEED-AUSRÜSTUNG

Schutzhelme

In einem Sport, in dem dichte Trauben von Läufern mit über 60 km/h über die Bahn rasen, ist der Schutzhelm für die Sicherheit unerläßlich. Jeder Fahrradhelm reicht dazu aus, solange er bei guter Qualität möglichst wenig wiegt und den Luftaustausch am Kopf nicht unterbindet. Kein Speed-Skater der Spitzenklasse käme auf die Idee, ohne Helm zu trainieren, und zu internationalen Meisterschaften werden erstmalige Teilnehmer ohne Helm erst gar nicht zugelassen. Die meisten Spitzenläufer setzen sogar den Helm auf, bevor sie ihre Skates anlegen.

Schoner

Zweitwichtigstes Element der Schutzausrüstung sind die Handgelenkschoner. Bei Rennen fällt man meist vornüber und versucht, sich mit den Händen abzufangen. Handgelenkschoner verringern das Risiko einer Verstauchung oder eines Bruchs des Handgelenks und schützen vor Abschürfungen an den Handflächen. Sie sind einfach anzulegen und behindern den Läufer nicht. Spitzenathleten verzichten allerdings teilweise auf diesen Schutz. Für alle Neulinge sind Knieschützer wärmstens zu empfehlen. Bei einem Sturz bekommen nach den Händen in der Regel die Knie Bodenkontakt, während die Ellbogen weniger gefährdet sind. Wer zu viel Schutzausrüstung trägt, läuft Gefahr, wie das »Michelin-Männchen« auszusehen. Speed-Skater der Spitzenklasse tragen keinerlei Schoner, da sie die Bewegungsfreiheit einschränken und den Luftwiderstand vergrößern.

▷ Speed-Skater verfügen über ein breites Sortiment Rollen.

Skates und Rollen

Für Speed-Skating-Neulinge reichen normale Fun-Skates mit vier Rollen mit etwa 76 mm Durchmesser aus. Aggressive-Skates eignen sich weniger, weil man wegen der kleinen Rollen sehr hart arbeiten muß, um ausreichend schnell zu werden.

Für Distanzrennen und Fitneß-Skating gilt gleichermaßen: Je größer die Rollen, desto besser läuft es. Mindestgröße für alle Rennen über mehr als 500 m sind 78 mm, besser noch 80 mm. Fünf Rollen sind besser als vier, weil die längere Basis für einen ruhigeren Lauf, größere Kraftübertragung beim Abstoßen und eine längere Gleitphase sorgt.

Als Faustregel nimmt man weiche Rollen auf rauhen und harte Rollen auf sehr glatten Oberflächen, aber je härter die Rollen und je glatter die Oberfläche, desto größer die Rutschgefahr beim Abstoßen. In Frage kommen also Härte 76A (weich) für sehr rauhe, 80A für mittlere und 84A (hart) für sehr glatte Bahnoberflächen. Außerdem ist daran zu denken, daß das, was für einen Jungen mit 30 kg geeignet ist, für ein Mädchen mit 15 kg nicht in Frage kommt, und Schnelligkeit hat eine Menge mit persönlichen Präferenzen zu tun – manche Skater brauchen das Gefühl, daß die Rollen gut greifen, während andere es lieber etwas »rutschiger« haben.

Für die Rennen und zum Training brauchen ernsthafte Speed-Skater mindestens zwei Sätze Mehrzweckrollen sowie je einen Satz weiche und harte Rollen. Wichtig ist, daß alle Rollen regelmäßig auf Verschleiß geprüft, umgedreht und umgesetzt werden. Stark abgenutzte Rollen gefährden den Skater selbst und seine Umwelt.

▽ ***Das Training für Distanzrennen macht das Speed-Skating zu einem harten Sport für Spitzensportler, der alle Hingabe verlangt.***

Speed-Kugellager

Je reibungsloser die Kugellager laufen, desto weniger Energie muß man aufbringen, um mit hoher Geschwindigkeit zu skaten. Die Lager müssen aber auch gepflegt werden. Der ernsthafte Skater trainiert bei jedem Wetter, und Wasser und Staub sind die größten Feinde des Kugellagers.

Nach dem Skaten bei Nässe sollte man Schuhe und Rahmen auseinanderbauen und trocknen, Lager ausbauen und in einer wasserabweisenden Lösung reinigen, trocknen lassen, auf reibungslosen Lauf prüfen und leicht mit einem Schmiermittel wie WD40, GT95 o. ä. einreiben. Nach langen Fahrten bei Trockenheit müssen die Lager von Staub befreit werden. Stark verschlissene Lager können bei hoher Geschwindigkeit auseinanderbrechen und dadurch gefährliche Stürze verursachen.

Ultimative Speed-Skates

Der optimale Skate für Fitneß- und Speed-Skater, die den Sport ernsthaft betreiben, hat fünf Rollen mit etwa 80 mm Durchmesser in einem leichten Alu-Chassis, einen bequemen, tief geschnittenen Lederschuh und genau passende Achsen, die einen schnellen und einfachen Tausch der Rollen ermöglichen. Spitzenprodukte können richtig ins Geld gehen. Dabei werden schnell etwa 600 DM für ein Alu-Chassis, zwischen 600 und 2000 DM für Schuhe mit hochsteifer Karbonsohle, 200 DM und mehr für einen Zehnersatz Rollen und weitere 120–200 DM für 20 Speed-Kugellager fällig!

▷ ***Beschleunigungsphase bei einem Marathonrennen in Brighton.***

Speed-Disziplinen

RENNVERANSTALTUNGEN

Bei Speed-Veranstaltungen unterscheidet man generell zwischen »Fun-Rennen«, für die keine besonderen Voraussetzungen gelten, und den speziellen Rennen in den verschiedenen Wettkampfklassen, die für bestimmte Altersgruppen vom Schüler ab 7 Jahre bis hin zu Senioren über 50 ausgeschrieben sind.

Sprint

Bei kurzen Rennen über 300, 500 oder 1500 m treten Gruppen von bis zu zehn Läufern im Massenstart gegeneinander an, um sich für das Finale zu qualifizieren. Sprintrennen finden in der Halle oder draußen statt, auf flachen oder überhöhten Rundkursen und geraden Strecken. Weltmeister 1997 über 300 m wurde der Italiener Ippolito Sanfratello, der nur 24,4 Sekunden für die Distanz benötigte und sich als »schnellster Skater der Welt« feiern lassen konnte.

Mittelstrecken

Als Mittelstrecken gelten 5000 m und 10.000 m. Diese Disziplin wird auf der Bahn oder auf der Straße ausgetragen. Sie vereint Ausdauer- und Speed-Elemente.

Marathon

Marathonrennen führen traditionell über 50 km auf der Bahn oder auf der Straße. 20 km können als Halbmarathon gelaufen werden. Beim jährlichen Marathon im britischen Coventry führt die Strecke dreimal über den inneren Stadtring.

Ausdauerrennen

Als Standard in dieser Disziplin gelten 100 Meilen (161 km).

TAKTIK UND TECHNIK

Schnelligkeit ergibt sich aus einer Kombination von Fitneß und ausgefeilter Technik, die wiederum das Ergebnis von Training und Praxis ist. Der dritte Bestandteil der Gleichung ist die Taktik, die in vielerlei Hinsicht derjenigen beim Radrennfahren ähnelt.

Das Tempo

Wie schnell man skaten kann, hängt davon ab, wie schnell man die Beine koordiniert und flüssig bewegen kann. Die Zeit, in der der Körper zwischen den Abstoßbewegungen ausbalanciert über dem Gleitskate ruht, ist ein wesentlicher Faktor, da sie bestimmt, wie lange sich der Körper ausruhen kann. Für Langstrecken bieten sich daher lange Schritte an, während für Sprints und hohes Tempo kurze Gleitphasen in Verbindung mit kräftigen Abstoßbewegungen vorteilhaft sind.

Der Start

Hier geht es darum, durch kräftiges Abstoßen so schnell wie möglich von der Startlinie fortzukommen, ohne über die Skates anderer Läufer zu stolpern. Ein schneller Start gelingt mit kleineren, schnelleren Schritten bei leicht angewinkelten Knien und nach vorn gebeugtem Körper. Harte, schnelle Armzüge und Abstoßen der Füße direkt nach hinten sorgen für die notwendige Beschleunigung. Nach den ersten Schritten mit den Skates weiter ausholen und den Schwerpunkt des Körper nach unten verlagern, damit das Gleichgewicht gewahrt bleibt.

»Zugbildung«

Außer bei kurzen Sprints bilden die Läufer schon bald nach dem Start »Züge«, in denen sie abwechselnd im Windschatten des Vordermannes laufen, um Energie zu sparen, und als Schrittmacher die Spitze übernehmen. Aufgrund der geringen Abstände in einem solchen Zug ist eine gewisse Erfahrung erforderlich, um bei hohem Tempo mithalten zu können, ohne sich selbst oder die anderen zu gefährden.

△ ***Abfahrt in Lausanne! Die Läufer riskieren alles bei diesem Downhill-Klassiker.***

Der Vorstoß

Während manche Skater sich aus einem Zug zurückfallen lassen, weil sie das Tempo nicht halten können, werden andere noch genügend Kraft haben, um mit Gleichgesinnten einen Vorstoß zu wagen. Sobald sie sich vom Feld gelöst haben, bilden sie dann wieder einen neuen Zug mit dem Ziel, weit genug vor den anderen zu bleiben.

Downhill

Bei längeren Rennen auf der Straße ist mit abschüssigen Strecken zu rechnen, die die Fähigkeiten und Nerven der Läufer bis zum äußersten beanspruchen. Beim Gleiten bei schnellen Abfahrten kann es passieren, daß die Beine derart zu zittern beginnen, daß man die Kontrolle verliert. Daher ist es ratsam, auch bergab aktiv zu skaten, um die Beinmuskeln unter Spannung zu halten und eine Körperhaltung mit niedrigerem Schwerpunkt einzunehmen.

Der Zieleinlauf

Kurz vor dem Ziel werden die Züge schneller und fallen auseinander, wenn sich einzelne Skater aus der Formation lösen und allein ihr Heil versuchen. Starke Skater können das schon ein gutes Stück vor der Ziellinie tun. Unter gleichstarken Läufern wartet man mit dem Sprint am besten bis zum letzten Augenblick, um dann noch einmal alle Reserven zu mobilisieren.

Aggressive-Skating

Aggressive-Skater sind es, über die sich das Inline-Skating heute definiert – junge Artisten, die den Sport in eine aufregende, dynamische und ständig wechselnde Richtung führen, die Mut und Aufrichtigkeit verlangt, da die Einsätze immer höher werden. Sie teilen sich auf in »Vert«- oder »Halfpipe«-Skater sowie »Street«-Skater, wobei die »Vert«-Spezialisten aus der großen Halfpipe heraus hoch in die Luft fliegen, während die Vertreter der Street-Gattung jede halbwegs geeignete Oberfläche zum »Grinden« nutzen, sei es in speziellen Skate-Anlagen oder ganz normal auf der Straße. Beide Seiten des Aggressive-Skatings stellen sich einer dreifachen Herausforderung: Erweiterung der bekannten Techniken, turnerisches Können und Gefahr...

Aggressive-Ausrüstung

HELME

Auf dem Markt gibt es Dutzende von Skate-Helmen, doch die Wahl ist einfacher geworden, seit 1998 die neue Norm CE EN 1078 in Kraft gesetzt wurde. Diese Norm soll sicherstellen, daß an Inline-Skater nur Helme verkauft werden, die den Schädel wirklich vor den Folgen eines Aufpralls schützen. Dazu fordert die CE EN 1078 die Durchführung von:

- ◆ Aufpralltests, die einem Fall aus 1,5 m Höhe auf eine ebene Fläche entsprechen,
- ◆ Aufpralltests, die einem Fall aus 1,1 m Höhe auf eine scharfe Kante entsprechen und
- ◆ Rückhaltetests, die zeigen, ob die Riemen halten.

Mittlerweile sollten eigentlich alle Schutzhelme für Skater der neuen Norm entsprechen und das entsprechende Prüfsiegel tragen. Aber auch das ist noch keine Garantie dafür, daß die Helme Sicherheit bieten, denn die CE EN 1078 ist eine allgemeine Norm, die auch für Radfahrer und Skateboarder zutrifft, und jede Disziplin stellt ihre eigenen Anforderungen. Schutzhelme für Radfahrer sind beispielsweise darauf ausgelegt, einen einzelnen stärkeren Aufprall auszuhalten, und sollten anschließend entsorgt werden, während Helme für

◁ *Der Helm muß bequem und sicher sein, eng anliegen und den europäischen Normen entsprechen.*

Aggressive-Skater eine Menge kleinerer Stöße vertragen müssen.

Wichtig ist, daß der Helm richtig sitzt, bequem ist und so getragen wird, daß der Riemen fest genug sitzt, ohne die Atmung zu behindern. Damit der Helm perfekt sitzt, kann man ihn gegebenenfalls noch mit Schaumstoff auspolstern. Achten muß man weiterhin auf das Gewicht, bei dem es zwischen den einzelnen Marken große Unterschiede gibt, und den Luftaustausch, der bei warmem Wetter und in der Halle große Bedeutung bekommt.

FAKTOR SICHERHEIT

- ◆ ***Immer Schutzausrüstung tragen und die eigenen Fähigkeiten nicht überschätzen.***
- ◆ ***Vom Motorverkehr fernhalten.***
- ◆ ***So skaten, daß der Sport nicht in Verruf gerät.***

AGGRESSIVE-EXTRAS

Crash-Shorts
Gepolsterte Shorts bieten Rundumschutz für die Hüften und das Steißbein.

Grind-Plate
Am Chassis angeschraubte Platte zum Grinden zwischen den beiden mittleren Rollen. Grind-Plates aus Kunststoff ermöglichen einen kontrollierten, langsameren Grind. Aluminium-Plates haben einen geringeren Reibungswiderstand und ermöglichen ein viel schnelleres Grinden; sie sind daher nur für Experten geeignet. Die Grind-Plates lassen sich bei allen Skates ersetzen.

H-Block
Demontierbarer, H-förmiger Block für die Innenseite des Chassis, der beim Grinden für zusätzlichen Halt zwischen den mittleren Rollen sorgt. H-Blöcke lassen sich bei allen Skates ersetzen.

Schienbeinschützer
Zusätzlicher Schutz für den verwundbaren Bereich zwischen Knieschonern und Skate für Rampen- und extremes Street-Skating.

Skate-Jeans
Hose mit ab den Knien weit geschnittenen Beinen, die das Tragen von Knieschonern und Schienbeinschützern erlauben, glockenartigem Fußteil, das über die Skates fällt, und Verstärkungen sowie herausnehmbaren Polstern für Hüfte und Steißbein.

Skate-Paints
Farb- oder Lackstifte zur Ausbesserung oder Bemalung von Skates und Rollen.

Soul-Plate
Verstärkung für den Sohlenbereich an der Außenseite der Schuhe zum Grinden über die volle Länge der Skates. Bei manchen Skates lassen sich die Soul-Plates ersetzen.

GRINDWACHS

Grindwachs dient dazu, Bordsteinkanten, Stufen und andere geeignete Objekte zum Grinden vorzubereiten. Markenwachs wie Sex Wax oder Slam Butter ist in jedem Skate-Laden erhältlich, aber viele Skater versuchen es lieber mit ihrem eigenen Gebräu.

△ ***Wachs sorgt für eine glatte Oberfläche, auf der die Skates gut gleiten.***

Ein Wachsrezept

Skater schwören auf ihre eigenen Wachsrezepte, die oft die seltsamsten Zutaten umfassen. Grundsätzlich gilt für die Wachsbereitung, daß man um Erlaubnis fragt, wenn man bestimmte Küchengeräte benutzen möchte, daß man anschließend wieder aufräumt und daß man darauf achtet, daß die Küche dabei nicht in Flammen aufgeht.

Hier ein typisches Grindwachs-Rezept:

1. Eine alte Pfanne und einen Holzlöffel besorgen, die ausschließlich zur Wachszubereitung verwendet werden können.
2. 4 Kerzen ohne Docht in die Pfanne geben. Farbig wird das Wachs durch Verwendung farbiger Kerzen oder durch Zugabe von zerkrümelten Wachsmalstiften.
3. 4 Spritzer Abwaschmittel, 4 Bällchen Schmalz, 4 Stückchen Butter, 2 Kugeln Badeseife und 2 Eßlöffel Schmierfett zugeben und bei niedriger Hitze mit dem Holzlöffel verrühren.
4. Die geschmolzene und gut verrührte Mischung mit einem Trichter in eine leere Plastikflasche füllen – nicht zu heiß, damit das Plastik nicht schmilzt. In den Flaschenhals kann man einen kleinen Stab stecken, der später wie bei einem Lutscher als Griff dient.
5. Die Flasche in den Kühl- oder Gefrierschrank stellen und das Wachs hart werden lassen.
6. Flasche herausnehmen und den Boden abschneiden, so daß der Wachsblock herausgezogen werden kann.
7. Fertig ist das Grindwachs.

△ ***Grind-Plates und Grindwachs zusammen ermöglichen es dem Chassis, seitwärts zu gleiten.***

Wachs auftragen

Es gibt eine Reihe von Möglichkeiten, das Wachs aufzutragen. So erhält man schnell eine glatte Oberfläche zum Grinden:

1. Einen Bereich mit möglichst langen und glatten Randsteinen suchen.
2. Fugen zwischen den Randsteinen mit Wachs ausfüllen, das mit einem Feuerzeug geschmolzen und passend geformt wird.
3. Die Hauptgrindingfläche, auf der das Chassis gleiten soll, leicht einwachsen.
4. Die gewachste Fläche mit einem Stück Seife einreiben und trocknen lassen.
5. Zum Schluß alles noch einmal mit einer Schicht Wachs überziehen.

Mehr Skate-Parks braucht das Land

Viele Aggressive-Skater ärgern sich über den Mangel an Gelegenheiten, ihren Sport ausüben zu können. Im öffentlichen Raum werden sie oft als Bedrohung angesehen, weil sie für ihre Tricks Handgeländer, Stufen und Bordsteine benutzen, die letztendlich dadurch Schaden nehmen, und weil sie auf Straßen und Parkplätzen den Autos in die Quere kommen.

Sicherer und gesellschaftlich akzeptabler wäre es, die Skater von den Straßen zu holen. Dazu brauchen die Aggressive-Skater aber Skate-Parks, die alle erforderlichen Einrichtungen und Anlagen in einem sicheren und ungefährlichen Umfeld bieten. Aufgrund des Skating-Booms der letzten Jahre wurden auch in Europa mit Unterstützung der zuständigen Behörden sicherlich viele neue Skate-Parks eingerichtet, aber angesichts des wachsenden Bedarfs fehlen immer noch zu viele. Das Problem besteht darin, die Behörden und die Geschäftswelt davon zu überzeugen, daß Skate-Parks einerseits erforderlich sind und sich andererseits auch rechnen. Hier kann einzig und allein eine sorgfältig geplante und durchgeführte Kampagne das gewünschte Ergebnis bringen.

△ ***Eine Skate-Halle läßt sich das ganze Jahr hindurch nutzen.***

Warum wird ein Skate-Park benötigt?

1. Ein Skate-Park ist ein Treffpunkt für junge Menschen, die sonst nur auf den Straßen skaten können.
2. Skate-Parks wirken sozial integrierend und tragen dazu bei, daß Jugendlichen ein Gemeinschaftsbewußtsein vermittelt wird, das ihnen Halt gibt und mithilft zu verhindern, daß einzelne von ihnen in die Kriminalität abrutschen.
3. Wenn Aggressive-Skater sich auf der Straße austoben, kann das bedeuten, daß es ohne jede Absicht zu Sachbeschädigung oder zur Gefährdung anderer kommt.
4. Skate-Parks können gerade jungen Menschen wichtige Erfolgserlebnisse verschaffen, weil sie dort ungestört trainieren und ihre Skating-Techniken vervollkommnen können.

▷ ***Eine Freiluftanlage ist für den Sommer ideal, muß im Winter aber die Pforten dichtmachen.***

Wer kommt als Nutzer in Frage?

Ein Umfrage in der örtlichen Skater-Szene ist ein Marketing-Werkzeug zur Begründung der Notwendigkeit eines Skate-Parks. Die Umfrage könnte in Form eines Fragebogens in Verbindung mit einem entsprechenden Antrag erfolgen und über Skate-Shops, Schulen und andere unterstützungswillige Stellen durchgeführt werden.

Folgende Daten sind zu erfassen:

- Altersgruppe der Skater
- Geschlecht der Skater
- Wie lange schon aktiv?
- Bevorzugter Skate-Stil
- Welche Einrichtungen werden erwartet?
- Wie weit darf der Anmarschweg zum Skate-Park sein?
- Was darf der Eintritt kosten?
- Wie oft würde der Skate-Park benutzt werden?
- Was wird gewünscht – Halle oder Außenanlage?

ZIELE SETZEN

Worum geht es?

Ziel ist die Errichtung eines permanenten Skate-Parks. Dabei ist zu berücksichtigen, daß viele Kommunen in den siebziger Jahren Parks für den damaligen In-Sport Skateboarding errichten ließen. Als das Skateboarding dann aus der Mode kam, wurden die Anlagen nicht mehr genutzt und mußten für teures Geld instand gehalten werden. Die Behörden müssen davon überzeugt werden, daß ihnen das mit einem Skate-Park nicht wieder passieren wird.

Welcher Standort?

Der Standort kann zum Problem werden. Wichtige Faktoren wären etwa die leichte Erreichbarkeit mit öffentlichen Verkehrsmitteln, ein sicherer Anfahrtsweg und sichere Abstellmöglichkeiten für Fahrräder, ausreichende Parkmöglichkeiten und – nach Möglichkeit – ein attraktives Umfeld mit Läden, Cafés und sonstigen Freizeitangeboten.

Welche Art von Skate-Park wird benötigt?

- Außenanlagen sind oft in kommunalem Besitz und können gratis genutzt werden. Während ein entsprechender Platz möglicherweise problemlos zu finden ist, werden zunächst größere Geldmittel für die wetterfeste Herrichtung benötigt. Die spätere Instandhaltung kostet dann nicht mehr viel. Gegen unbeaufsichtigte Anlagen könnten von Dritten Einwände geltend gemacht werden, und bei schlechtem Wetter wird eine Außenanlage möglicherweise gar nicht genutzt.
- Skate-Hallen müssen wegen der viel höheren Betriebskosten über Eintrittsgelder finanziert werden. Da Gewerbegrundstücke viel zu teuer sind, käme hier allenfalls eine nicht mehr genutzte Lagerhalle oder ein ähnlich großes Gebäude in Frage, das einem gewerblichen Betreiber von der Kommune zur Verfügung gestellt werden müßte.

Welche Größe muß ein Park haben?

Eine Fläche von mindestens 1400 Quadratmetern würde reichen für:

- einen Bereich mit Hindernissen und Minirampen für das Street-Skating,
- einen großen Bereich mit Bowls und schwierigeren Rampen für die besseren Skater,
- zusätzlichen Platz für Skateboarder, BMX-Fahrer und Hockeyspieler,
- ausreichend Platz für Zuschauer.

Welche Einrichtungen sind erforderlich?

Alle Skater müssen in der Lage sein, die Anlage produktiv zu nutzen, und sich dort wohlfühlen. Wünschenswert wären daher:

- Werkstatt und Büro
- Parkplatz
- Toiletten, Umkleideraum und Dusche
- Vermietungs- und Ausrüstungsladen
- Ruhebereich und Raum für Spiele
- Café/Restaurant
- Erste-Hilfe-Einrichtung

AN DIE ARBEIT

1. Einen Verein zur Förderung des Skate-Sports gründen und einen Lenkungsausschuß berufen, der die Kampagne leitet, in der Öffentlichkeit für einen Skate-Park wirbt und interessierte Dritte anspricht, z. B. Skateboarder, BMX-Fahrer und Hockeyspieler.
2. Eine fundierte Umfrage in Verbindung mit einem Antrag vorlegen, der die Meinung eines großen Querschnitts durch die Skater-Szene widerspiegelt.
3. Ein durchdachtes Arbeitspapier mit den Vorstellungen und ersten Ansätzen zu Größe, Art und Umfang der zusätzlichen Einrichtungen, Art der Anlage und Erreichbarkeit vorlegen.
4. Mit Hilfe von Kommunalbehörden, privaten Grundbesitzern und Geschäftsleuten nach einem geeigneten Standort suchen.
5. Einen Finanzfachmann zu Rate ziehen, der einen ersten Kostenvoranschlag erstellt und bei der Haushaltsplanung behilflich ist.
6. Behörden, gemeinnützige Organisationen und Geschäftsleute ausfindig machen, die bereits sind, die Kampagne finanziell zu unterstützen.
7. Einen Architekten suchen, der das Projekt zunächst in groben Zügen skizziert.
8. Dem Architekten die Bauplanung übertragen und eine Bauvoranfrage an die zuständige Behörde richten.

Das gehört in einen Skate-Park

Skate-Parks verfügen über eine Vielzahl von Elementen oder Hindernissen, unterschieden nach »Street-Skating« mit all den Möglichkeiten für Grinding, Drop-ins, Fly-offs, Flips und andere Tricks auf Rampen und Rails, und reinem »Vert-Skating«, das in der »Halfpipe« stattfindet. Als Baumaterial für die Rampen dient in der Halle im wesentlichen 12 mm dickes Sperrholz, das in mehreren Lagen auf einen starren Holzrahmen mit Querverstrebungen aufgebracht wird.

Rails und Curbs
Wesentliche Elemente eines Street-Skating-Kurses sind runde Rails, eckige Rails (»Planters«) und abgeknickte Rails sowie Curbs (oder Kerbs) zum Grinden.

Pyramide
Eckige Box mit flachen Rampen als Seiten, die wie eine Pyramide aussieht. Die Spitze der Pyramide ist aus Sicherheitsgründen meist abgeschnitten, so daß sich oben die Gelegenheit zu Luftsprüngen (»Airs«) ergibt.

Deathbox
Eine größere Box, die hohe Sprünge ermöglicht. Der Skater trifft in voller Fahrt auf die steile Rundung (»Transition«), hebt ab und rollt sicher auf der flachen Rampe auf der anderen Seite aus.

Driveway
Box mit flachen Rampen auf beiden Seiten sowie einem Planter.

Flatbank
Der einfachste Rampentyp: Flache Rampe an einer senkrechten Fläche.

Funbox

Mehrfachhindernis mit Rails, Planters, Transition und flachen Rampen. Eine typische Funbox könnte eine etwa 1 m hohe Plattform umfassen und darauf eine Grindbox mit Doppel-Coping. Die Box läßt sich von beiden Seiten vorwärts und rückwärts befahren, weil die Keile und Rails absolut symmetrisch sind.

Miniramp

Kleine Halfpipe mit einer Höhe von 1–1,8 m ohne vertikalen Bereich. Diese Rampe eignet sich für Liptricks und Flips, aber nicht für Airs, weil der Skater sich von der Rampe entfernt, wenn er sich in der Luft befindet. Eine Miniramp kann über ein Flatdeck oder über einen schmalen »Spine« verfügen, wenn zwei Miniramps Rücken an Rücken gestellt werden, so daß sie wie ein »W« aussehen. Eine größere Miniramp wird zur »Midiramp«, während kleinere Miniramps als »Microramps« bezeichnet werden.

Quarterpipe

Kleine gerundete Rampe, die etwa einem Viertel einer runden Röhre entspricht und einen vertikalen Bereich für Luftsprünge besitzen kann. Der Rundungsbereich (»Transition«), in dem die Skater einspringen, abheben und sich drehen, ist etwa 3 m tief. An der Oberkante kann sich eine Coping aus PVC oder Stahl zum Grinden befinden.

Eine Quarterpipe kann als Absprungrampe zur schnellen Beschleunigung vor einem Trick dienen. Mehrere Quarterpipes mit unterschiedlichen Steigungen lassen sich hintereinander zu einem »Run« mit ebenen Plattformen und Doppelcopings anordnen.

Halfpipe

Große Rampe, die etwa der Hälfte einer runden Röhre entspricht, von der Seite aber eigentlich nicht so aussieht, weil sich zwischen den Transitionen ein großes ebenes Stück befindet. Bei einer maximalen Höhe von etwa 3,5 m weisen die beiden gegenüberliegenden Rundungen am oberen Ende jeweils einen vertikalen Abschnitt von bis zu 50 cm auf. Dadurch werden Luftsprünge ermöglicht, bei denen der Skater nicht von der Rampe fortgetragen wird. Übergänge erfolgen an der »Coping«, einem PVC- oder Stahlrohr, das oben an der Kante der Rampe verläuft. Auf beiden Seiten befindet sich eine horizontale Plattform, auf der die Skater warten, bis sie an der Reihe sind. Zwei Halfpipes können hintereinander zu einer »Spineramp« in Form eines riesigen »W« aufgebaut werden.

Typische Abmessungen für eine Halfpipe:

- Länge: 14 m
- Breite: 5 m
- Ebener Bereich zwischen den Rundungen: 5 m
- Zwei Rundungen: 3 m
- Zwei Decks zum Einspringen und Ausrollen: 1,5 m
- Höhe: 3,5 m

Fullpipe

Sehr ungewöhnlich _ eine vollständige Röhre. Der Einstieg ist nur möglich nach Beschleunigung auf einem steilen Slalomkurs von etwa 25 m Länge. Nichts für Leute mit schwachen Nerven!

Heimausrüstung

Aggressive-Gerät wie Grindpoles und Funboxes sind für den Hausgebrauch käuflich zu erwerben. Typische Beispiele sind die hier gezeigten Geräte der Firma Pro Move Equipment.

△ ***Der Grindpole kann das ganze Jahr hindurch im Freien verwendet werden. Er besteht aus einem drei Meter langen verzinkten Stahlrohr mit 44 mm Durchmesser und abnehmbaren Beinen. Nach Angaben des Herstellers ist er stabil und rutscht auf Asphalt und Beton nicht.***

△ ***Die Funbox läßt sich flach zusammenlegen und bei schlechtem Wetter verstauen. Rampen und Deck bestehen aus wasserfest verleimtem Sperrholz auf einem 60 cm hohen Stahlgestell. Als Zubehör ist ein 3 m langer Grindpole erhältlich.***

Bowls

Aus Beton gegossene »Schüsseln« wie diese finden sich meistens in Außenanlagen, die noch aus Skateboarding-Zeiten stammen. Ihre fließenden Formen orientierten sich ursprünglichen an kalifornischen Swimmingpools. In der einfachsten Form ist eine Bowl einfach ein rundes Loch im Boden, aber bei den meisten Bowls wechseln Gefälle und Richtung, und es findet sich eine »Nase«, an der der Skater abhebt und an den Seiten der Bowl landet. Wenn man sich eine Bowl in Form eines Herzens vorstellt, befindet sich die Nase genau dort, wo die beiden oberen Rundungen nach innen führen und zusammentreffen.

Do it yourself

Wer sparen will oder muß, kann sich relativ einfach aus einem Stück Gerüstrohr einen Grindpole basteln. Dazu braucht man nur eine Möglichkeit zu finden, das Rohr sicher zu befestigen. Wer sich zu anspruchsvolleren Konstruktionen in der Lage fühlt, könnte sich beispielsweise an einer einfachen Box aus starrem Sperrholz mit Tragegriffen versuchen. Auf beiden Seiten je ein Grindpole aus schwerem Kunststoff angeschraubt, und fertig ist die Skatebox mit Doppelrail.

Kinds of Grinds

1. SOUL
Vorwärts =
Soul Grind
Rückwärts =
Alley-Oop Soul

2. ACID
Vorwärts =
Acid Soul
Rückwärts =
Alley-Oop Acid

3. MAKIO
Vorwärts =
Makio
Rückwärts =
Alley-Oop Makio

4. ROCKET GRAB MAKIO
Vorwärts =
Rocket Makio
Rückwärts =
Alley-Oop Rocket Makio

5. MIZOU
Vorwärts = Mizou. Rückwärts = Alley-Oop Mizou

6. PORNSTAR
Rückwärts = Acid Mizou
Vorwärts = Pornstar forwards
Vorwärts Topside = Sunny Day
Rückwärts Topside = Topside Pornstar

7. FIFTY PERCENT
Vorwärts = Fifty Percent
Rückwärts = Alley-Oop Fifty Percent

8. SIDEWALK
Vorwärts = Sidewalk. Rückwärts = Alley-Oop Sidewalk

9. TOPSIDE SOUL
Vorwärts = Topside Soul. Rückwärts = Alley-Oop Topside Soul

10. UFO
Frontside = UFO
Backside = Backside UFO

11. Topside Acid
Vorwärts =
Topside Acid
Rückwärts =
Alley-Oop Topside Acid

12. Fishbone
Vorwärts =
Fishbone
Rückwärts =
Alley-Oop Fishbone

13. Fishbrain
Vorwärts =
Fishbrain
Rückwärts =
Alley-Oop Fishbrain

14. ROYALE

15. BACKSIDE ROYALE

16. TORQUE SOUL

17. TOPSIDE TORQUE SOUL

18. TORQUE SLIDE
Vorwärts = Torque Slide

19. UNITY
Frontside = Unity.
Backside = Backside Unity.

20. TRAINING WHEEL
Vorwärts = Training Wheel
Rückwärts = Alley-Oop Training Wheel

Kleines Grind-Glossar

FRONTSIDE *= Blick nach innen – z. B. auf einem Randstein mit dem Gesicht zum Gehweg.*

BACKSIDE *= Blick nach außen – z. B. auf einem Randstein mit dem Rücken zum Gehweg.*

TOPSIDE *= Der Sohlenbereich liegt flach auf der Grindfläche, so daß die Rollen einen Winkel von 90 Grad bilden.*

BONE-OVER *= Die Knöchel so weit wie möglich abwinkeln.*

21. TRAINING WHEEL TOPSIDE
Vorwärts = Training Wheel Topside
Rückwärts = Alley-Oop Training Wheel Topside

22. BACKSLIDE
Rückwärts Frontside = Frontside Backslide
Rückwärts Backside = Backside Backslide

23. NINE BAR

24. WHEEL BARROW

25. SWEAT STANCE / KIND GRIND
Sweat Stance vorwärts = Kind Grind rückwärts

26. DUST BUSTER

27. TENDANT TEAR

WEITERE GRINDS

- *Boardwalk*
- *Christ Grind + Anti-Christ*
- *Christ Soul + Alley-Oop*
- *Christ Topside + Alley-Oop*
- *Fahrvergnügen*
- *Fahrvergnügen Christ*
- *Cab Driver*
- *Side Surf Grind*

... und was die Zukunft noch bringen mag!

28. STUB GRIND

Airs & Grinds

Im folgenden zeigen Matt King und Ryan Wood ein paar der vielen Airs & Grinds, die mit Hilfe der Rampen in einem Skate-Park möglich sind. Um auf dieses Niveau zu gelangen, muß man viele Stunden lang üben und dabei natürlich immer die vollständige Sicherheitsausrüstung tragen.

Japan Air

Ryan Wood wechselt mit einer 180-Grad-Drehung von der Quarterpipe auf die Flatbank.

Mute Air 360

Ryan Wood wechselt mit einem Mute Air in Verbindung mit einer 360-Grad-Drehung von der Quarterpipe auf die Flatbank.

AIRS, also Luftsprünge, sind sowohl auf Rampen als auch auf der Straße möglich. »Grabs« während der Sprungphase machen diese Manöver erlebens- und sehenswert. In der Luft kann der Skater Spins, Flips und Grabs oder auch eine Kombination aus allen drei vorführen. Bei Wettbewerben gibt es mehr Punkte für Höhe und Variation.

Stale Japan

Matt King springt einen Stale Japan, um mit einer 180-Grad-Drehung von der Quarterpipe auf die Flatbank zu wechseln.

GRINDS haben ihren Ursprung im Street-Skating, lassen sich aber auch auf der Metall-Coping einer Rampe ausführen. Es gibt viele verschiedene Grinds und sogar noch mehr Variationen wie etwa das »Switchen«, d. h., das Wechseln der Füße auf dem Geländer. Bei Wettbewerben zählt ein Grind umso mehr, je länger und reibungsloser er ist.

Frontside

Matt King führt einen der ältesten Grinds im Inline-Skating vor. Die Beine sind weit gespreizt, die Skates rutschen auf den Innenkanten zwischen den beiden mittleren Rollen.

Royale

Matt King zeigt den Royale, bei dem der hintere Fuß im Gegensatz zum Frontside hart abgewinkelt auf der Außenkante des Skates ruht.

Soul Grind

Das ist einer der ältesten, bekanntesten und elegantesten Grinds im Inline-Skating. Das Gewicht liegt auf der Sohle des hinteren Fußes, während der vordere Fuß nach vorn ausgestreckt ist.

Matt King beim Royale.

Parallel Grab

Einer der schwierigeren Grabs. Die Hand faßt über die Knie hinweg nach dem gegenüberliegenden Skate.

Kung Lao

Beim Absprung muß der gestreckte Fuß zum Himmel zeigen, während der Innenskate ergriffen wird, und zwar entweder der rechte Skate mit der rechten oder der linke Skate mit der linken Hand.

Rocket Air

Beide Beine sind vor dem Körper ausgestreckt – rechte Hand an linken Fuß, linke Hand an rechten Fuß. Bei der Variation »Cross Rocket« kreuzt der Skater beim Grab die Beine.

Mute Air

Matt King greift mit der rechten Hand quer über die Schienbeine an den linken Fuß. Der Mute Air ist einer der ältesten und bekanntesten Sprünge.

Fly Fish

Matt King zeigt den Fly Fish, einen der neuesten Sprünge. Die rechte Hand greift nach dem rechten Fuß und streckt das Bein, während der linke Fuß unter den Körper gezogen ist.

▷ ***Matt King beim Japan Air.***

Stale Japan Air

Matt King zeigt, worum es hier geht – nämlich von hinten einen Fuß zu ergreifen.

Safety Grab

Fundamentales Manöver beim Ramp-Skating: Bei angezogenen Knien rechte Hand an rechten Fuß oder linke Hand an linken Fuß, so daß der Skater praktisch eine Kugel bildet.

Method Air

Bei diesem Trick werden beide Beine hinter den Körper gezogen. Die rechte Hand greift den linken Fuß oder die linke Hand greift den rechten Fuß.

Matt King beim Safety Grab.

Cab Bio 540

Diese Kombination aus Spin und Flip erfolgt aus dem Anlauf rückwärts die Rampe hinauf. Bei der 540-Grad-Drehung ist der Körper seitlich abgewinkelt.

Big Events

INTERNATIONALE WETTBEWERBE

Die National Inline Skate Series (NISS) wurde im Jahre 1994 von der Anywhere Sports Productions ins Leben gerufen. Mittlerweile umfaßt die Serie zehn dreitägige Wochenendveranstaltungen zwischen Mai und September, zu denen jeweils ein Team von 16 Leuten mit knapp 15 Tonnen Material und Ausrüstung anreist.

Mit radikal neuen Tricks wie dem McTwist und dem Rocket bildete die NISS-Tour das Testfeld für Spitzenskater wie Chris Edwards, Tom Fry, Arlo Eisenburg,

Randy »Roadhouse« Spizer und Chris Hines. 1995 tauchten mit Dawn Everett, Kate Kengo und Ayum Kawasaki die ersten Frauen in der Szene auf, und auch die besten Amateure können im Rahmen von Qualifikationsveranstaltungen ihr Glück versuchen. Auf diese Weise kommen für jede NISS-Veranstaltung fast 300 Meldungen zusammen, und das Finale der 97er Serie – die US-Meisterschaft in Santa Monica in Kalifornien – zog 75.000 Zuschauer an.

▷ ***Bei den IISS- und ASA-Wettbewerben und Veranstaltungen wie der »Pipe Tribe« in Dortmund gehen Skate-Profis bis an ihre Grenzen.***

▷ ***Thiag Khris siegte beim IISS-Finale 1997 in der Kategorie »Vert« oder »Halfpipe«. Er gilt als einer der größten Skater, den der Sport je hervorgebracht hat. Hier ist er in Lausanne in Aktion zu sehen.***

IISS & ASA

Die International Inline Skate Series (IISS) war ein direkter Abkömmling der NISS. Sie wird ebenfalls von der Anywhere Sports Productions in Form von jeweils dreitägigen Veranstaltungen auf der ganzen Welt durchgeführt. Die 97er Serie fand an Veranstaltungsorten in Brasilien, Australien, Deutschland und Spanien statt und fand ihren Höhepunkt im Dezember in den International Finals in Amsterdam.

Als Konkurrenz trat die Aggressive Skaters Association (ASA) auf, die eine eigene Welttour mit Veranstaltungen wie den X-Trials in Orlando in Kalifornien durchführt, zu denen nur die Spitzen-Profis zugelassen sind.

Matt King erfrischt sich beim Wettbewerb in Lausanne. Spitzensport macht durstig!

Disziplinen

Etwa 30 Spitzen-Profis sind aufgrund ihrer Spitzenergebnisse automatisch für NISS- und IISS-Veranstaltungen qualifiziert; die übrigen gemeldeten Teilnehmer müssen am ersten Tag um einen der verbleibenden 16 Plätze kämpfen. Die Veranstaltung ist in die beiden Kategorien »Street« und »Halfpipe« unterteilt. In den ersten Jahren traten die Skater meistens noch in beiden Disziplinen an. Doch im Laufe der Jahre entwickelten sich die Disziplinen in unterschiedliche Richtungen, so daß sich die Skater auf die eine oder andere spezialisierten.

Der Street-Kurs ist eine Kombination aus Transitions (Rundungen) und Rails, wobei bei NISS- und IISS-Veranstaltungen zwei etwa 2,5 Meter hohe Quarterpipes als Startpunkt dienen. Auf dem Kurs können die Teilnehmer unter einer Vielzahl von Rampen wählen, darunter die Bauer-Box (Halbpyramide mit Planter), die bekannte Deathbox (große Funbox mit hoch und niedrig angebrachten Rails für technische Tricks) und die in zwei Ebenen im Winkel von 45 Grad konstruierte Hipbox mit verlängerter Coping, auf der man vorwärts und rückwärts bis zum Boden hinunter grinden kann. Der Street-Kurs umfaßt weiterhin eine Curved-Bank, die eine Vielzahl von Tricks ermöglicht, und zwei kleinere Absprungrampen für Luftsprünge und zum Grinden.

Die Halfpipe ist im Idealfall etwa 3,25 m hoch und 7,3 m breit. Der Radius der Transition (Rundung) beträgt 2,9 m, und der vertikale Abschnitt ist knapp 40 cm hoch. Der horizontale Bereich zwischen den Rundungen ist etwa 5 m lang, so daß die Skater genügend Zeit und Platz haben, um sich auf ihr nächstes Manöver gegen die Schwerkraft einzustellen. Die Oberkanten der Transitionsbereiche schließen mit einer Coping aus Metall ab.

△ ▽ *Thiag Khris schwebt bei einem »High Air«-Wettkampf 2,9 m über dem Deck. Er wurde natürlich Sieger...*

◁ *Skate-Profis warten auf ihren Auftritt in Lausanne; vorn Jenny Logue aus England.*

▽ *Die Firma BT sponsorte die erste British-Team-Veranstaltung im Play Station Skate Park in London.*

Marco Hintze gilt als einer der weltweit besten Street-Skater.

Bewertung
Nach dem Aufwärmen bekommt jeder Teilnehmer 60 Sekunden Zeit für den Street-Kurs. Die Zeit für die Halfpipe wurde in der Saison 1997 von 60 auf 50 Sekunden verkürzt, weil die Disziplin körperlich so anstrengend ist. Den Teilnehmern werden zwei oder drei Durchgänge zugestanden, von denen dann der beste oder der beste Durchschnitt zählt. Die Leistung wird in beiden Disziplinen nach vier Kategorien bewertet:

Style: Wohl am schwierigsten zu bewerten. Die Punktrichter achten auf einen individuellen Stil mit flüssigen, kraftvollen Bewegungen bei angespannter Körperhaltung.

Difficulty: Hier wird bewertet, wie schwierig die Tricks sind, wie schnell der Skater den Kurs bewältigt und welche Hindernisse er in Angriff nimmt.

Consistency: Die Punktrichter bewerten, wie der Skater in Bewegung bleibt, und vermerken die Anzahl der Stürze.

Line: »Line« ist definiert als der Weg, den der Skater nimmt. Die Punktrichter achten besonders darauf, ob der Skater den ganzen Street-Kurs in seine Vorstellung einbezieht bzw. seine Tricks in der Halfpipe miteinander verbindet und die Halfpipe voll ausnutzt.

Es werden bisher in jeder Kategorie maximal 25 Punkte vergeben, d. h., es können insgesamt 100 Punkte erreicht werden. Die niedrigsten und die höchsten Punktzahlen der sieben Punktrichter werden jeweils gestrichen, um größere Diskrepanzen auszuschließen. Neuerdings hat sich jedoch die Meinung durchgesetzt, daß das Bewertungssystem bestimmten Skatern zugute kommt, die immer unter den ersten zu finden waren, obwohl andere nicht weniger Talent zeigen. Das Problem liegt zum Teil in der Tatsache begründet, daß alle vier Kategorien gleich gewichtet werden. Unter anderem wird nun überlegt, die Punktezahl in der Kategorie Consistency auf zehn zu reduzieren (wer auf diesem Niveau stürzt, hat Pech gehabt) und in den Kategorien Style und Difficulty entsprechend mehr Punkte zu vergeben.

LAUSANNE
Das International Inline Festival in Lausanne ist die größte Aggressive-Veranstaltung in Europa. Sie findet in der hübsch am See gelegenen Stadt an drei Tagen im August statt. Bei Frauen und Männern treten in den Disziplinen Street und Halfpipe automatisch qualifizierte Profis gegen begeisterte Amateure an. Weiterhin gibt es einen für alle offenen Miniramp-Wettbewerb und ein Abfahrtsrennen, bei dem die in hautenge Anzüge gekleideten Teilnehmer wahnwitzige Geschwindigkeiten erreichen.

Die ganze Stadt steht bei dieser Veranstaltung im Zeichen des Inline-Skatings. Höhepunkt und Abschluß ist die Parade, bei der rund 150.000 Skater mit Taschenlampen durch die Stadt rollen.

Action auf dem Street-Kurs im Skate Park von Birmingham.

Hockey-Skating

Hockey auf Inline-Skates ist ein direkter Abkömmling des Eishockeys, womit sich der Kreis schließt, da die Inline-Skates ja ursprünglich als Trainingsmittel für Eishockeyspieler entwickelt wurden. Anders als z. B. in England unterscheidet man im deutschsprachigen Raum drei Arten von Hockey-Skating: das Street-, das Skater- und das Inline-Hockey. Alle drei sind schnelle Mannschaftssportarten. Beim Skater- und beim Inline-Hockey muß eine vollständige Schutzausrüstung mit Visier und Körperschutz getragen werden, um sich bei Zusammenstößen nicht zu verletzen. Um auf oberem Niveau mithalten zu können, braucht der Spieler nahezu perfekte Skating- und Stocktechniken in Verbindung mit körperlicher Ausdauer und Teamfähigkeit.

Streethockey

Streethockey ist eine formlose Art des Hockeyspiels mit nur wenigen Regeln, das auf jedem Boden gespielt werden kann, der glatt genug ist, um darauf zu skaten. Alles, was man dazu braucht, sind Skates, ein Stock, ein Ball und ein Tor. Streethockey ist die entspannteste Form des Hockeyspiels, dessen institutionalisierte Versionen Inline-Hockey und Skater-Hockey in Sporthallen mit Puck und Ball in Anlehnung an das normale Eishockey gespielt werden.

Regeln

Die einzigen Regeln, die es gibt, sind diejenigen, auf die sich die Spieler vor dem Spiel einigen. Beide Mannschaften bestehen aus einer zusammengewürfelten Gruppe, die nur aus Spaß spielt, und es wird nicht einmal ein Torwart benötigt, weil die kleinen Tore (selbst bauen!) es schwer machen, überhaupt einen Treffer zu erzielen. Es liegt jedoch im Interesse der Spieler, ein paar Grundregeln festzulegen, damit es keinen Streit gibt und die Verletzungsgefahr möglichst gering gehalten wird.

Folgende Regeln haben sich allgemein bewährt:

1. Zur Zusammenstellung der Mannschaften legen alle Spieler ihre Stöcke auf einen Haufen. Die beiden Mannschaftsführer nehmen nun abwechselnd je einen Stock auf und bekommen den dazugehörigen Spieler.
2. Wenn andere Mannschaften darauf warten, spielen zu können, endet das aktuelle Spiel, sobald eine Mannschaft mit zwei Toren Vorsprung führt. Die siegreiche Mannschaft bleibt dann auf dem Platz.
3. Um zu verhindern, daß es hinter dem Tor zu Auseinandersetzungen kommt oder daß der Ball aus dem Spielfeld gespielt wird, gilt die stillschweigende Übereinkunft, daß der in Ballbesitz befindliche Spieler hinter der Torlinie nicht angegriffen wird, bevor der Ball die Linie wieder überschritten hat.
4. Die wichtigste Regel lautet: »Es muß Spaß machen!«

Ausrüstung

Unfälle passieren immer mal, und Stürze und Zusammenstöße gehören zum Hockey dazu. Das Maß an Schutzausrüstung richtet sich nach dem Niveau, auf dem Streethockey gespielt wird. Das kann reichen vom einfachen Hin- und Herschlagen des Balles unter Beteiligung kleiner Kinder bis hin zu einem Spiel zwischen Spitzenspielern, die sich beim Streethockey zwar entspannen, aber doch mit voller Energie dabei sind.

Als Mindestvoraussetzungen gelten:

- Skates
- Schläger
- Ball (oder Puck bei entsprechend glatter Oberfläche)
- Handschuhe (wahlweise, aber zu empfehlen)
- Ellbogen- und Knieschützer (Schutz vor Abschürfungen)
- Helm mit Gesichtsschutz und voller Körperschutz (zumindest beim Spiel auf hohem Niveau)

Streethockey – Vorteile

◆ *Auf einem Parkplatz oder in einer Sackgasse ist ein Spiel in Sekunden organisiert.*

◆ *Nur minimale Ausrüstung ist erforderlich – normale Fitneß- oder Aggressive-Skates, Schützer und ein billiger Stock mit Ball reichen aus.*

◆ *Leicht verständliche Regeln in entspannter Atmosphäre – kein störender Schiedsrichter.*

◆ *Gespielt wird an der frischen Luft – an schönen Sommertagen gibt es nichts Besseres.*

◆ *Man lernt neue Leute kennen und lernt von ihnen.*

◆ *Wettkampf ohne den Druck und die Kosten des Hockeyspielens auf höherem Niveau.*

◆ *Ein ideales Spiel für Spieler jeden Alters und jeder Fertigkeit.*

Streethockey – Nachteile

◆ *Selbstschutz ist jedem selbst überlassen – medizinische Betreuung nicht sofort gewährleistet.*

◆ *Gut bis zu einem gewissen Niveau; um darüber hinaus besser zu werden, empfiehlt sich das organisierte Hockeyspiel in der einen oder anderen Form.*

△ ▷ Ein kleines tragbares Tor aufstellen, ...

◁ △ ... ein paar Freunde zusammenholen, die gern skaten, ...

▷ ... Schläger und einen Ball ausgeben ...

◁ ... und das Spiel kann beginnen!

Hockeyausrüstung

△ ***Schläger gibt es in allen möglichen Größen und Formen, so daß für jeden der richtige dabei ist.***

WAHL DES SCHLÄGERS

Hockeyschläger gibt es in einer Vielzahl von Materialien und Größen zu Preisen zwischen 30 und 300 DM. Wichtig für die ordnungsgemäße Kontrolle von Puck oder Ball sind die richtige Länge, die »Auflage« (des Blatts auf dem Boden) und die Elastizität.

Konstruktions-Unterschiede

Man unterscheidet grundsätzlich zwei Konstruktionen, nämlich einteilige Schläger und zusammengesetzte Schläger, bei denen die Schaufel ausgetauscht werden kann, wenn sie abgenutzt oder gebrochen ist.

Schläger für Anfänger besitzen einen hölzernen Stiel und eine Kunststoffschaufel, die mit Holzschrauben am Stiel befestigt ist. Die Schaufeln sind für Rechts- und Linkshänder jeweils anders gebogen. Zusätzlich gibt es Juniorenschläger mit schmalerem Stiel und schmalerer Schaufel für jüngere Spieler.

Bei einteiligen Schlägern bestehen Stiel und Schaufel in der Regel aus Holz, das durch Glasfasermaterial, Epoxidharz, Polyester oder Kevlar verstärkt ist, so daß der Schläger stabil, leicht und elastisch ist.

Stiele für getrennte Schaufeln werden aus Aluminium oder Verbundmaterialien hergestellt. Für diese Stiele steht eine breite Auswahl an Schaufeln zur Verfügung, die meistens angeklebt werden. Die Stiele gibt es in verschiedenem Design, wobei darauf zu achten ist, daß eine neue Schaufel von der Konstruktion her zum Stiel paßt.

Das richtige Gefühl

Die Länge des Schlägers muß auf den Körperbau des Spielers abgestimmt sein, damit der Puck oder Ball möglichst effizient geführt werden kann. Die richtige Länge wird im Stehen auf den Skates bei senkrecht gehaltenem Schläger bestimmt, wobei die Spitze der Schaufel auf dem Boden aufliegt. Als generelle Regel gilt, daß das obere Ende des Schlägerstiels sich in dieser Lage zwischen Brustbein und Kinn befinden sollte. Ein zu langer Schläger kann mit einer Säge gekürzt werden. Wenn die Spitze der Schaufel nicht auf dem Boden aufliegt, während sich der Spieler in der Grundstellung befindet, ist der Stiel zu lang oder die Schaufel zu stark nach oben abgewinkelt.

Die Elastizität des Schlägers muß der Kraft und dem Gewicht des Spielers entsprechen, d. h., jüngere, leichtere Spieler benötigen in der Regel einen elastischeren Stiel als ältere, schwerere Spieler. Man testet die Elastizität, indem man den Schläger in der Grundstellung gegen den Boden drückt.

Eine Krümmung in der Schaufel kann das Tempo und die Genauigkeit bestimmter Vorhandschüsse erhöhen. Man sollte aber auf keinen Fall versuchen, die Schaufel zu erwärmen, um die Form zu ändern, weil das Material dabei entscheidend geschwächt wird. Mit zunehmender Erfahrung bekommt man dann auch das Gefühl für die »richtige« Krümmung und Form der Schaufel und kann den passenden Schläger aus dem vielfältigen Angebot des Handels auswählen.

Die Schaufel kann mit Band abgeklebt werden. Das verlängert die Haltbarkeit und federt den Aufprall von Puck oder Ball ab, so daß er besser kontrolliert werden kann. Das Band wird immer von hinten nach vorn gewickelt.

WAHL DER SKATES

Die Skates sind ein wesentlicher Bestandteil der Hockeyausrüstung und im allgemeinen speziell für diese Aufgabe konstruiert. Für das Hockeyspiel sind Schnürschuhe vorzuziehen, weil sich bei Schnallenschuhen die Schnallen lösen oder durch äußere Einwirkung brechen können. Schuhe der Spitzenqualität sind meistens genäht, während im unteren Preisbereich auch Schuhe aus einer einteiligen Kunststoffschale erhältlich sind.

Die Rollengröße liegt zwischen 72 und 78 mm bei einer Härte von 74A bis 84A je nach Bodenbelag, auf dem gespielt wird. Je größer die Rollen sind, desto effizienter wird die Kraft auf den Boden übertragen.

Damit die Schuhe richtig sitzen, müssen die Schnürsenkel fest zugezogen werden, aber nicht so fest, daß die Blutzirkulation im Fuß eingeschränkt wird. Die Zehen sollten gerade eben an die Schuhspitze stoßen und dürfen nicht eingeengt sein. Bei jüngeren Spielern muß zwar berücksichtigt werden, daß die Füße wachsen, doch dürfen die Schuhe nicht zu groß gekauft werden. In einem guten Geschäft erhält man auch gute Hinweise zum richtigen Sitz und zur Pflege der Inline-Skates. Man sollte immer die besten Schuhe kaufen, die man sich leisten kann, und dabei immer daran denken, daß teure Skates kein Ersatz sind für eine schlechte Lauftechnik – die kann man nur durch viel Üben verbessern. Bei den Schuhen ist es viel wichtiger, daß man sich darin wohlfühlt.

◁ ***Ein Hockeyschuh der Spitzenklasse in genähter Ausführung mit Schnürung.***

Der richtige Sitz

Beim Kauf der Schuhe ist darauf zu achten, daß sie den Bedürfnissen der Füße entsprechen. Schlecht sitzende Schuhe verschleißen unabhängig von der Qualität viel schneller. An Meßgeräten für die Schuhgröße lassen sich nur ungefähre Werte ablesen, d. h., die exakt erforderliche Größe läßt sich nur durch An- und Ausprobieren der Skates ermitteln.

Bei genähten Schuhen sollte die Größe im allgemeinen der normalen Schuhgröße entsprechen, während geformte Kunststoffschuhe ein bis eineinhalb Größen »Luft« aufweisen können. Bei Schuhen amerikanischer und britischer Hersteller ist zudem darauf zu achten, daß die Größenangaben voneinander abweichen. So entspricht beispielsweise die amerikanische Größe 10 der britischen Größe 9.

△ ***Hockey als »Kontaktsport« erfordert die richtige Ausrüstung, um Gesundheitsrisiken zu vermeiden.***

HELM UND GESICHTSSCHUTZ

Helm und Gesichtsschutz sind für Hockeyspieler unverzichtbare Bestandteile der Sicherheitsausrüstung. Alle Hockeyhelme sind verstellbar und verfügen über Montagelöcher für einen Gesichtsschutz. Sie müssen genau passen, ohne zu eng zu sein, und den jeweiligen Sicherheitsnormen entsprechen.

Anprobe

Um das richtige Maß für den Helm zu ermitteln, wird etwa zweieinhalb Zentimeter über den Augenbrauen der Kopfumfang gemessen. Den Helm so aufsetzen, daß der Rand etwa eine Fingerbreite über den Augenbrauen sitzt, und nach und nach kleiner stellen, bis er bequem sitzt. Die Einstellschrauben festziehen und den Kinnriemen passend einstellen. Der Helm muß so eng anliegen, daß er nicht verrutschen kann. Ein zu großer Helm kann zu Verletzungen führen.

Gesichtsschutz – voll oder halb?

Als Gesichtsschutz gibt es Drahtgitter, die das ganze Gesicht abdecken, und Plexiglasvisiere als Voll- oder Halbschutz. Außerdem sind Ausführungen erhältlich, die halb aus Gitter und halb aus Plexiglas bestehen.

Um die korrekte Paßform für ein Vollschutzgitter zu ermitteln, wird der Helm so aufgesetzt, daß der Rand sich etwa eine Fingerbreite über den Augenbrauen befindet, und dann der Abstand zwischen Helmrand und Unterkante des Kinns gemessen. Die Kinnauflage des Gitters muß bei geschlossenem Mund bequem anliegen. Vorsicht! Ein zu langes Gitter kann im Spiel auf Mund oder Nase drücken, und das kann eine unerfreuliche und unnötige Verletzung verursachen.

Halbvisiere werden in der Regel von Senioren und Schiedsrichtern getragen. Beim Anpassen ist darauf zu achten, daß genügend Platz zwischen dem Visier einerseits und Augen und Nase andererseits bleibt. Der Gesichtsschutz muß für den Einsatz an einem spezifischen Helm zugelassen sein – entsprechende Hinweise und Unterstützung bei der Wahl des richtigen Helms und Gesichtsschutzes sollte der Verkäufer bieten können.

Allgemeines zum Schutz

Bei der gesamten Ausrüstung gilt, daß sie sich nach dem Niveau richtet, auf dem gespielt wird. In vollem Dreß darf sich der Spieler nicht beengt fühlen. Passende Ausrüstungsteile erhält man nur durch Anprobieren, und zwar am besten in Verbindung mit der bereits vorhandenen Ausrüstung.

Deshalb darf man sich nicht scheuen, die eigene Ausrüstung beim Kauf neuer Teile mit in das Geschäft zu nehmen. Die neuen Teile müssen unbedingt richtig passen.

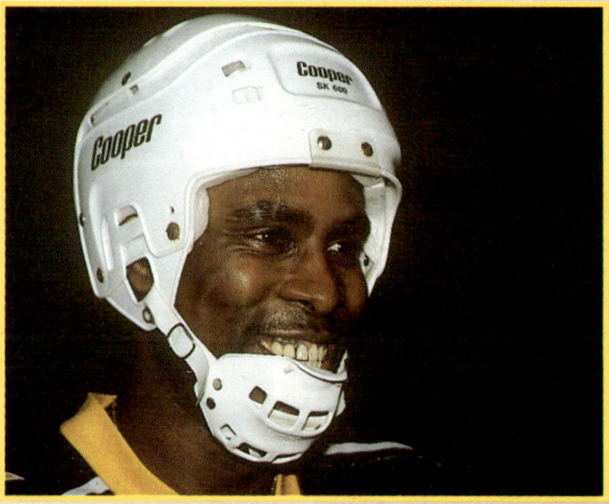

△ Der Helm muß perfekt sitzen. Jay Gardiner, der Kapitän der Pacer Leisure Enforcers, ist mit seiner Wahl zufrieden.

◁ Auf den Torwart wird scharf geschossen, deshalb braucht er den entsprechenden Dreß. All die Ausrüstungsteile versperren nicht nur einen Großteil des Tores, sondern verhindern auch Verletzungen durch den schnellen Puck oder Ball.

HANDSCHUHE UND KÖRPERSCHUTZ

Handschuhe gibt es in Größen von 23–38 cm. Die richtige Größe ergibt sich aus dem Abstand zwischen den Fingerspitzen und der Ellbogenbeuge bei abgewinkeltem Unterarm. Die Innenhand sollte ausreichend geschmeidig und besonders der Daumen muß gut geschützt sein. Eine dicht gewebte Polsterung verhindert Handverletzungen durch gegnerische Schläger.

Die Handschuhe müssen richtig passen, d. h., sie dürfen nicht so groß sein, daß man das Gefühl für den Schläger verliert, und nicht so klein, daß die Fingerspitzen vorn eng anliegen.

△ ***Die Schutzausrüstung ist so teuer, daß viele Teams nach Sponsoren suchen, um ihre Ausrüstung bezahlen zu können.***

Ellbogenschutz

Wenn Ellbogenschützer fest angelegt sind, darf zwischen dem Schützer einerseits sowie der Oberarmverlängerung des Schulterschutzes und der Manschette des Handschuhs keine Lücke vorhanden sein. Spieler, die Handschuhe mit kurzer Manschette tragen, sollten als Ausgleich längere Ellbogenschützer verwenden.

Die Länge der Ellbogenschützer entspricht dem Abstand zwischen der Oberarmverlängerung des Schulterschutzes und der Manschette des Handschuhs. Schützer, die rutschen, wenn sie festgezogen sind, sind zu groß und können zu Verletzungen führen, statt sie zu verhindern.

Schulterschutz

Der Schulterschutz muß bequem sitzen und auch die Schulterspitzen überdecken. Die Oberarmverlängerung darf nicht über den Ellbogenschutz hinausreichen. Der Rippen- und Brustschutz darf nicht zu lang sein, weil die Hose sonst den Schulterschutz nach oben drückt und den Spieler behindert.

Als Maß für den Schulterschutz nimmt man den Brustumfang unmittelbar unter den Achseln. Für Mädchen und Frauen sind spezielle Schulterschützer mit vorgeformtem Brustschutz erhältlich.

Hose und Hüftgürtel

Hüftgürtel liegen eng an und werden unter kurzen oder langen Overalls getragen. Hosen sitzen nicht so eng und werden meistens ohne Overall getragen. Die Hose sollten bis knapp über die Knie reichen und nach oben hin die Nieren und den unteren Rippenbereich abdecken. Die Hüft-, Nieren- und Steißbeinschützer sollten alle wichtigen Bereiche umfassen.

Hüftgürtel müssen sehr eng anliegen, damit die Polsterung nicht verrutscht. Allerdings dürfen sie die Beweglichkeit nicht einschränken. Der Gürtel reicht von knapp über dem Knie bis zu den Nieren.

Schienbeinschützer

Schienbeinschützer werden in verschiedenen Längen von 23–41 cm angeboten. Die passende Größe ergibt sich aus dem Abstand zwischen Kniemitte und Oberkante des Skates. Zu lange Schienbeinschützer schieben sich nach oben, so daß das Knie sich unterhalb der dafür vorgesehenen Mulde befindet.

Schienbeinschützer sollten nicht mit engen Socken an Ort und Stelle gehalten werden. Statt dessen verwendet man schwere elastische Strapse oder Tape, um sie zu fixieren.

TIPS ZUR AUSRÜSTUNG

◆ Das obere Ende eines Hockeyschlägers kann äußerst gefährlich sein, wenn man darauf fällt oder wenn es durch ein Schutzgitter oder unter ein Visier gestoßen wird. Bei vielen Spielen muß deshalb der Schlägerstiel oben mit einer Schutzvorrichtung versehen werden, um das Risiko einer Verletzung zu vermindern, eine Vorsichtsmaßnahme, die bei Stielen aus Aluminium und Verbundwerkstoffen umso mehr Sinn macht. Einen derartigen Schutz erzielt man ganz einfach, indem man das Ende dick mit Klebeband umwickelt, das dann nach unten hin dünner wird.

◆ Der Helm darf nicht lackiert werden. Die Lösungsmittel in vielen Lacken greifen den Kunststoff an und lösen ihn auf oder lassen ihn spröde werden.

◆ Plexiglasvisiere beschlagen im Spiel. Dagegen hilft ein Antibeschlagmittel für Motorradhelme oder alternativ etwas Abwaschmittel oder Duschgel, das ganz dünn aufgetragen wird.

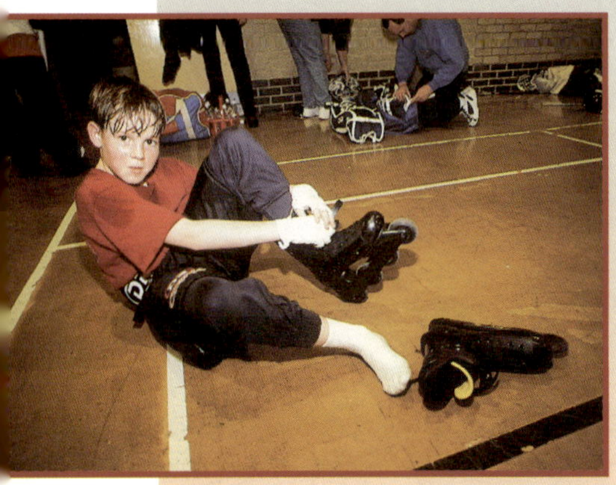

◆ Hockeyhandschuhe sollten niemals gewaschen werden, wie unangenehm sie auch duften. Durch das Waschen trocknet das Leder aus, wird spröde und reißt. Am besten hängt man die Handschuhe zum Auslüften nach draußen. Auch Deos sind schädlich für das Leder.

◆ Die Schnürsenkel ordentlich und fest zu binden ist eine Kunst. Sie müssen beim Ausziehen der Schuhe jedes Mal weit genug gelockert werden, so daß sie beim Anziehen von der Schuhspitze aus gleichmäßig nach oben hin strammgezogen werden können.

◆ Die Schnürsenkel dürfen besonders im Ristbereich nicht zu fest gezogen werden, weil sonst die Blutzirkulation unterbrochen werden könnte. Am festesten müssen die Senkel in den vier oberen Ösen angezogen werden, damit der Knöchel festen Halt bekommt.

ROLLEN UND LAGER

Ein Skater, so gut er auch sein mag, kann nicht erfolgreich sein, wenn die Rollen nicht »griffig« genug sind, um die Kraft der Beine in Tempo umzusetzen und dabei die Kontrolle zu bewahren. Die Auswahl an Rollen ist riesig, und keine dieser Rollen ist ideal für jeden Zweck und jeden Skater. Eine Reihe von Faktoren ist ausschlaggebend dafür, welche Art von Rollen zum Einsatz kommen:

1. Gewicht

Wer leicht ist, übt weniger Druck auf die Rollen aus und erzielt deshalb einen geringeren Kraftschluß zum Boden. Demzufolge braucht er weichere Rollen.

Manche Rollen funktionieren bei leichtgewichtigen Spielern nicht wie geplant; so werden beispielsweise luftgepolsterte Rollen bei Spielern unter 50 kg nicht so gut zusammengedrückt. Sie sind zwar weich und sorgen für einen guten Kraftschluß, drücken sich aber nicht richtig zusammen, um den vorgesehenen abgefederten Lauf zu ermöglichen.

2. Stil

Die Art und Weise des Skatings ist weiterhin abhängig von der Härte der Rollen – je größer die Härtezahl, desto härter ist das Rollenmaterial. Die Brems- und Kurvenlauftechnik bestimmt die Wahl der Rollen. Dieser Faktor ist in Verbindung mit dem Gewicht und dem Bodenbelag ausschlaggebend dafür, ob härtere oder weichere Rollen zum Einsatz kommen.

3. Bodenbelag

Eine entscheidende Rolle für die Wahl der Rollen spielt auch der Bodenbelag. Wie bei den Rollen gibt es auch bei den Bodenbelägen unterschiedliche Härtegrade, d. h., weichere Beläge erhöhen den Kraftschluß.

◆ Polierter Beton ist am härtesten. Wenn er nicht mit Harz versiegelt ist, kann er sehr glatt sein, so daß sehr weiche Rollen zum Einsatz kommen müssen.

◆ Spanplattenbeläge bestehen aus in einem Harz gepreßten Holz und synthetischem Material. Diese Beläge erfreuen sich in modernen Sporthallen steigender Beliebtheit, weil sie haltbar und langlebig, aber nicht so hart wie Beton sind. Hier dürften etwas härtere Rollen angebracht sein.

◆ Auf federnd gelagerten Holzböden läßt sich sehr gut skaten, weil sie den ausgeübten Druck zurückgeben. Sie sind allerdings etwas langsamer, weil auch ein Teil des Drucks vom Boden absorbiert wird.

◁ ***Das Anziehen zum Spiel dauert lange und muß mit größter Sorgfalt erfolgen.***

4. Höhersetzen der Rollen

Bei vielen Skates können die vordere und die hintere Rolle höher gesetzt werden. Dann haben nur noch die beiden mittleren Rollen Bodenkontakt. Dadurch kann man engere Kurven fahren und besser manövrieren. Einen Nachteil hat die Sache allerdings: Die Bodenhaftung läßt nach mit entsprechenden Auswirkungen auf die Geschwindigkeit und das Bremsverhalten.

Bei manchen Skates können die Rollen mit Hilfe umdrehbarer Kunststoffeinsätze im Chassis höher gesetzt werden, aber viele Hersteller verzichten bei einem Metallchassis darauf, und bei den billigsten Skates ist diese Möglichkeit auch nicht vorhanden. Dann bleibt nur noch der Einsatz von Rollen mit unterschiedlichem Durchmesser. In der Regel sollte der größte Durchmesser gewählt werden, für den die Skates ausgelegt sind.

Viele Skater gehen noch einen Schritt weiter und verwenden Rollen mit unterschiedlicher Härte. Manche bevorzugen dabei härtere Rollen in der Mitte (wo sie schneller verschleißen, weil sie mehr Bodenkontakt haben als die höher gesetzten Rollen vorn und hinten), während andere in der Mitte weichere Rollen nehmen, um den Mangel an Bodenhaftung wettzumachen, der sich daraus ergibt, daß immer nur zwei Rollen Bodenkontakt haben. Letzten Endes ist das alles eine Sache des persönlichen Geschmacks.

◁ ***Es gibt viel zu überlegen – nicht zuletzt die Frage der richtigen Rollen für den jeweiligen Boden.***

5. Rollenprofil

Das Profil entscheidet darüber, wie groß die Fläche der Rolle ist, die Bodenkontakt hat. Je breiter das Profil ist, desto größer ist auch die Stabilität und Bodenhaftung (wichtig für den Torwart). Je schmaler das Rollenprofil, desto schneller läuft die Rolle aufgrund der geringeren Reibung.

Welche Rollen hier zum Einsatz kommen, hängt zum großen Teil vom Zustand des Holzbodens ab. Frisch lackierte Holzböden erfordern härtere Rollen, während bei älteren, staubenden Böden weichere Rollen verwendet werden. Bei schweren Personen und einigermaßen griffigem Boden kann es passieren, daß die Rollen ruckeln, weil sie zwischenzeitlich die Haftung verlieren und dann plötzlich wieder greifen.

◆ Linoleum dürfte der weichste Bodenbelag sein, der in Sporthallen anzutreffen ist. Hier könnten ziemlich harte Rollen verwendet werden; wenn dann allerdings die Haftung verloren geht, geschieht das ganz plötzlich und ohne Vorwarnung. Deshalb sollten besser Rollen mit mittlerem Härtegrad eingesetzt werden, die griffig genug, aber nicht zu griffig sind.

◆ Der beste Bodenbelag ist »Sport Court«. Er besteht aus einer Art Verbundfliesen aus Kunststoff, die für den Innenbereich massiv sind. Für den Außenbereich steht das Material auch als Fliesengitter zur Verfügung.

◆ Asphalt ist der natürliche Feind weicher Rollen. Alles mit einer Härte unter 84A ist binnen weniger Stunden hinüber. Daran muß man denken, wenn man schnell mal ein Spielchen Street-Hockey einlegen will.

▷ ***Puck oder Ball? Eine weitere Wahlmöglichkeit für Hockeyspieler.***

◁ ***Es gibt alle möglichen Rollen für Hockeyspieler, doch letztendlich entscheidend ist das Können des Spielers.***

6. Lager

Je mehr man zu zahlen bereit ist, desto bessere und schnellere Lager bekommt man meistens auch. Für weniger erfahrene Hockeyspieler ist eine größere Investition in Lager mit einer hohen ABEC-Zahl jedoch vermutlich Geldverschwendung, weil Hochleistungslager eigentlich nur für Speed-Skater von Bedeutung sind.

Hockeyspiele

In zahlreichen europäischen Ländern, so auch in Deutschland, Österreich und der Schweiz, wird, was das Hockey auf Inline-Skates betrifft, strikt unterschieden zwischen Skater- und Inline-Hockey.

△ ***Auch die unter Zehnjährigen können schon mitspielen.***

Beide Hockey-Disziplinen sind schnelle Mannschaftssportarten und in vielen Bereichen einander gleich. In einigen wesentlichen Punkten unterscheiden sie sich allerdings. Hier ein paar der wichtigsten Abweichungen:

- Das Skaterhockey wurde unmittelbar aus dem Eishockey abgeleitet. Allerdings wurde das Regelwerk etwas abgewandelt.
- Beim Inline-Hockey sind aggressive Körperkontakte tabu. Überlegene Spieltaktik, Stock- und Lauftechniken sowie Teamgeist entscheiden ein Spiel. Entsprechend hohe Anforderungen werden in diesen Bereichen an jeden Spieler gestellt. Anders beim Skaterhockey; hier wird die direkte Konfrontation

△ ***Internationales Spitzenteam der Seniorenklasse im Skaterhockey: die Hyper Street Cruisers aus England.***

◁ ***Die Enforcers-Frauenmannschaft spielt in London gegen andere Frauenteams und Junioren Skaterhockey.***

mit dem Gegenspieler gesucht. Body-Checks sind – wie beim Eishockey – Teil der Spieltaktik. Wer Skaterhockey spielen will, sollte daher Spaß an robustem Spielen mitbringen.

- Beim Inline-Hockey wird ein Puck gespielt, beim Skaterhockey ein Ball.
- Regelverstöße können beim Skaterhockey mit gelben und roten Karten geahndet werden. Darüber hinaus werden auch Freistöße verhängt. All dies gibt es beim Inline-Hockey nicht.
- Auf Vereins- bzw. Verbandsebene organisierte Skaterhockey-Wettkämpfe unterliegen nicht dem Reglement der FIRS (Federation International Roller Skating), dem das Inline-Hockey untersteht.

Wer sich in Deutschland für das *Skaterhockey* interessiert, kann sich wenden an:

Inline- und Skaterhockey Deutschland (ISHD)
Schmiedhofsweg 1
50769 Köln
Tel.: 02 21 - 9 70 18 17
Fax: 02 21 - 9 70 18 18
Hotline: 01 90 - 38 85 88
E-Mail: skaterhockey@t-online.de
INTERNET: http://www.hockey.shlink.de/ISHD
Videotext: WDR 3 – Seite 280

Interessenten aus Österreich und der Schweiz kontaktieren am besten ihre nationalen Rollsportverbände (Adressen siehe S. 95). Dort erhalten sie auch umfassende Informationen zum Thema Inline-Hockey.

In Deutschland ist der Hauptansprechpartner des Deutschen Rollsport- und Inline-Verbands e. V. (DRIV) für das *Inline-Hockey*:

Michael Habermann
Rudolf-Dieselstr. 9
67227 Frankenthal
Tel.: 0 62 33 - 7 30 87
Fax: 0 62 33 - 7 30 87
Mobil-Tel.:
01 72 - 8 11 94 83

Inline-Hockey wird in zwei Altersklassen gespielt:

- Junioren bis zum Alter von einschließlich 17 Jahren,
- Senioren ab einem Alter von 18 Jahren.

Da das Inline-Hockey noch ein junger Sport ist, der sich fast in allen Ländern noch im Aufbau befindet, konnten bei den Junioren bisher nur Wettkämpfe bis zur Deutschen Meisterschaft ausgetragen werden. Internationalen Vergleichen konnten sich bislang nur die Senioren stellen.

Alle Spiele unterliegen dem Reglement des Dachverbandes FIRS:

Federation Internationale de Roller Skating (FIRS)
Rambla Catalunya, 80
Piso 1
08008 Barcelona, Spanien
Tel.: 0034-34875348 und 0034-34875593
Fax: 0034-34876916

Wichtige Grundregeln bei Wettkämpfen sind:

◆ Inline-Hockey wird mit 4 Feldspielern und einem Torwart gespielt.

◆ Die Mannschaften können auf nationaler Ebene aus bis zu 20 Spielern pro Team bestehen. International sind 12 Feldspieler plus 2 Torwarte erlaubt.

◆ Die Spieldauer beträgt national (regional) 3 mal 20 Minuten und international sowie auf Deutschen Meisterschaften 2 mal 20 Minuten.

◆ Die Spielzeit wird nur angehalten, wenn der Schiedsrichter dem Zeitnehmer durch einen Pfiff und das Time-out-Handzeichen das Signal dazu gibt. Bei erneutem Pfiff wird die Uhr wieder gestartet.

◆ Ein Spiel wird unterbrochen:
- nach einem Foul,
- wenn der Puck verdeckt, d. h. nicht mehr spielbar ist,
- wenn der Puck außerhalb der Spielfläche geraten ist,
- wenn der Torwart den Puck länger als drei Sekunden festhält,
- nach jedem Tor.

◆ Nach jeder Spielunterbrechung gibt es Bully. Die Stelle und die Spielfeldseite, an der das fällige Bully durchzuführen ist, hängt davon ab, wo das Ereignis stattfand, das zur Spielunterbrechung geführt hat. Zur Bestimmung dieses Ortes wird gedanklich zwischen den beiden auf jeder Spielfeldseite sichtbar markierten Bully-Punkten eine imaginäre Linie gezogen. Nach einem Foul oder wenn der Puck von einem Spieler verdeckt wurde, findet das Bully dann entlang dieser imaginären Linie und zwar auf der Höhe der Stelle statt, an der gefoult wurde.

▷ ***Inline- und Skater-Hockey sind dynamische und spannende Mannschaftssportarten.***

Hat der Torwart den Puck über die erlaubten drei Minuten hinaus festgehalten, kommt es rechts oder links neben dem Tor zum Bully – je nachdem, ob der Regelverstoß auf der rechten oder auf der linken Spielfeldseite stattgefunden hat.

Nachdem ein Tor gefallen ist, wird das Bully immer in der Spielfeldmitte ausgeführt.

◆ Je nach Schwere eines Regelverstoßes werden Strafminuten verhängt. Bei leichten Fouls 2 Minuten, bei mittleren Fouls 5 Minuten. Disziplinarstrafen werden bei schweren Fouls (meistens dann, wenn diese zu Verletzungen führten) ausgesprochen. Diese sind laut Reglement dreifach gestuft: es gibt die 10-minütige Strafzeit, den Platzverweis für die restliche Spielzeit und die Sperrung über mehrere Spiele hinweg (sogenannte Matchstrafe).

◆ Laut Reglement der FIRS (Federation International Roller Skating) wird beim Inline-Hockey international nur mit Puck und nicht mit Ball gespielt.

◆ Das Inline-Hockey ist ein rein technisches Spiel. Jeglicher aggressive Körperkontakt ist tabu.

Das offizielle und ausführliche Regelbuch kann bei den Rollsport-Verbänden sowie bei der Geschäftsstelle des Deutschen Rollsport- und Inline-Verbandes e. V. (DRIV) in 89073 Ulm, Sterngasse 5, Tel.: 0731-66414, Fax: 0731-9603517 gegen einen Unkostenbeitrag bezogen werden.

△ Debbie Wiles hütet das Tor der Warrior Women, einer englischen Skaterhockey-Frauenmannschaft.

▷ Der Schiedsrichter spielt beim Hockey eine wichtige Rolle. Er trägt ebenfalls Inline-Skates, um jederzeit auf Ball- oder Puckhöhe zu sein.

△ Geschlechterkampf: Hier messen sich eine Frauen- und eine Juniorenmannschaft.

Hockeytechniken

▷ ***Hockey ist die sicherste Art und Weise, möglichst schnell eine Reihe von Inline-Skating-Techniken zu erlernen.***

GRUNDSTELLUNG

Aus der Grundstellung heraus kann der Spieler in jede beliebige Richtung starten – vorwärts, rückwärts oder seitwärts.

◆ Die Füße stehen mit einer Schulterbreite Abstand nebeneinander, die Spitzen zeigen etwas nach außen.

◆ Knie und Knöchel sind um etwa 45 Grad abgewinkelt.

◆ Schultern, Knie und Zehen befinden sich direkt übereinander, so daß sie mit mit einer imaginären senkrechten Linie verbunden werden könnten.

◆ Der Kopf ist erhoben, der Blick geht nach vorn.

◆ Der Schläger wird beidhändig gehalten, die eine Hand am oberen Ende des Stiels, die andere etwa 30–38 cm darunter. Finger und Daumen umgreifen den Stiel so, daß sie auf der Oberseite ein V bilden. Die Schlägerschaufel liegt etwas seitlich versetzt vor dem Körper auf dem Boden.

▷ ***Paß aus dem seitlichen Torraum zu einem besser postierten Mitspieler.***

POWER-SKATING

Der Skating-Schritt besteht im wesentlichen aus vier Grundelementen. Ob Vorwärtslauf, Rückwärtslauf, Übersetzen oder Starten – alle entsprechenden Schrittelemente lassen sich mit den Bewegungen eines Tennisschlägers vergleichen. Beide bestehen aus drei Phasen, nämlich Spannen, Kraft freisetzen und Durchziehen. Beim Skating-Schritt kommt noch eine vierte Phase hinzu – das Rückführen.

1. Spannen

Das Spannen entspricht der Rückwärtsbewegung des Tennisschlägers, die dazu dient, »eine Feder zu spannen«. Je stärker sie gespannt wird, desto größer ist die später freigesetzte Kraft. Zum Spannen dient die Innenkante des Skates, über den das Abstoßen erfolgt. Sie muß fest auf den Boden aufgesetzt werden. Wenn das Körpergewicht nicht auf der Abstoßkante liegt, haben die Rollen keine Bodenhaftung, und ohne Bodenhaftung rutschen die Rollen beim Abstoßen einfach weg.

Je größer die Auflagefläche der Innenkante ist und je stärker der Körper auf die Kante drückt, desto größer ist der Widerstand, der in einen kräftigen Abstoß umgesetzt wird.

SKATING AUF DEN SEITEN

Jeder Skate hat zwei Seiten – die Innen- und die Außenseite. Beide spielen eine Rolle für den Antrieb, aber das Abstoßen erfolgt in erster Linie über die Innenseite, während die Außenseite primär bei Kurven zum Einsatz kommt. Gute Skater nutzen alle vier Seiten. Ein Blick auf die Rollen: Wenn nur die Innenseiten Verschleißspuren zeigen, weist das darauf hin, daß die Fußstellung zu breit ist. Abhilfe schafft eine aufrechtere Stellung, in der das rollende Bein sich unter dem Körper befindet. Tempo ist zu Beginn unwichtig. Mit einer guten Technik in Verbindung mit korrekter Kraftanwendung kommt die erforderliche Geschwindigkeit später von ganz allein.

2. Kraft freisetzen

Das ist der eigentliche Abstoßvorgang, der sich mit dem Schwingen des Tennisschlägers vergleichen läßt. Je wirkungsvoller das Bein sich vom Boden abstößt, desto mehr Kraft wird freigesetzt. Dazu müssen die Beinmuskeln kraftvoll und richtig eingesetzt werden. Viele Hockeyspieler wissen gar nicht, was ihre Beine leisten müssen, um die größtmögliche Kraft aufzuwenden.

Um viel Kraft freizusetzen, muß das Bein mit aller Kraft gegen die Seite des Skates nach hinten gedrückt werden. Jeder Abstoßvorgang muß deutlich in den Beinen zu spüren sein. Wenn das nicht der Fall ist, werden die Beine nicht richtig eingesetzt.

3. Durchziehen

Sich abzustoßen, ohne anschließend voll durchzuziehen, ist, als wenn man einen Tennisschläger nach vorn schwingt und in dem Augenblick, in dem der Ball getroffen wird, in der Bewegung einhält. Das Resultat ist in beiden Fällen ein großer Verlust an Kraft und Vortrieb.

Zum Ende der Abstoßbewegung muß das abstoßende Bein bei durchgedrücktem Knie voll ausgestreckt sein. Erst in dieser Position hat das Bein seine Abstoßbewegung vollendet. Viele Spieler versuchen, ihre Beine möglichst schnell zu bewegen, und lassen ihnen nie die geringe zusätzliche Zeit, die notwendig ist, um den voll ausgestreckten Zustand zu erreichen. Deshalb erkennen sie auch nie, wieviel Kraft sie eigentlich haben.

▷ ***Jay Gardiner im Skaterhockey-Training bei der Ballarbeit.***

4. Rückführen

Wenn das Bein voll gestreckt ist, muß es wieder unter den Körper geführt werden. Dann erfolgen die Gewichtsverlagerung und der Abstoß mit dem anderen Bein.

Das Rückführen ist ein sehr wichtiger und oft vernachlässigter Bestandteil des Skating-Schritts. Wenn das Bein nicht so zurückgeführt wird, daß sich beide Füße direkt unter dem Körper befinden, kann der Körper nicht genügend Spannung für den nächsten Abstoß aufbauen. Dementsprechend muß jede Abstoßbewegung damit beginnen, daß sich die Füße direkt unter dem Körper befinden. Daß Hockeyspieler eine »breite Fußstellung« einnehmen, ist ein leider weit verbreitetes Gerücht. Sie gilt nur für das Gleiten auf beiden Füßen.

VORWÄRTS ÜBERSETZEN

Das Übersetzen vorwärts erhöht die Mobilität. Es dient dazu, die Richtung zu ändern und gleichzeitig zu beschleunigen.

Ausgangsstellung

Alle Bewegungen beim Skating erfolgen aus der Grundstellung heraus. Die wesentlichen Punkte sind immer gleich:

- Die Füße stehen eine Schulterbreite auseinander, die Fußspitzen zeigen leicht nach innen.
- Knie und Knöchel sind um etwa 45 Grad abgewinkelt.
- Der Oberkörper ist leicht nach vorn gebeugt, so daß sich die Schultern über den Knien und die Knie über den Fußspitzen befinden.
- Der Kopf ist erhoben.
- Der Schläger wird beidhändig gehalten, die Schaufel liegt etwas seitlich vom Körper flach auf dem Boden auf.

Starten

Normal vorwärts loslaufen und das Gewicht auf das Standbein verlagern. Aus einer stabilen, aber nicht angespannten Haltung heraus kann jetzt das Übersetzen vorwärts beginnen. Für Rechtshänder ist es einfacher, den rechten Fuß über den linken zu setzen. Die folgende Beschreibung geht von einem rechtshändigen Spieler aus.

Zu Anfang nicht zu schnell laufen und den Kurvenradius nicht zu eng wählen. Kopf und Schultern nach links drehen, da das die eingeschlagene Richtung sein wird. Wenn die Schultern nach links gedreht sind, beginnt sich auch der Körper in diese Richtung zu bewegen. Das Standbein ruhig halten und den Fuß des Spielbeins (rechts) über den linken Schuh führen. Das Gewicht auf den rechten Fuß verlagern und die Bewegung so oft wiederholen, bis die Fahrt in die gewünschte neue Richtung geht. Anschließend normal weiterlaufen. Nach ein paar weiteren Vorwärtsschritten erneut das Übersetzen probieren.

Üben

Beim Übersetzen den Oberkörper ruhig halten und den Schläger beidhändig mit der Schaufel auf dem Boden führen. Nach dem Übersetzen mit dem rechten Fuß wird das Übersetzen mit dem linken Fuß geübt. Geschwindigkeit spielt in dieser Phase keine Rolle. Erst die richtige Technik legt den Grundstein für das künftige Tempo.

Russische Kreise

Eine der besten Übungen für das Übersetzen sind die

Ein erfahrener Hockeyspieler kann skaten, wo er will und wann er will, ohne jemals direkt auf den Puck oder Ball zu blicken. Beim Hockey sollte der Kopf immer erhoben sein.

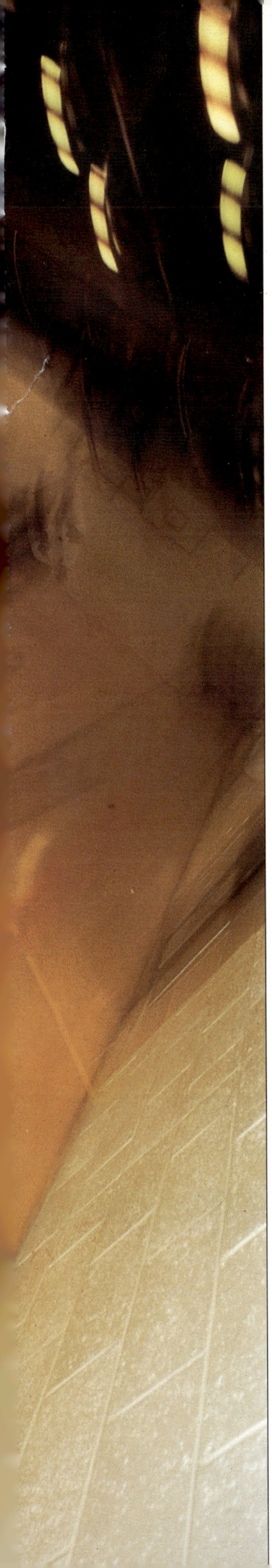

russischen Kreise. Dazu bedient man sich der drei Kreise auf einem Basketballfeld oder steckt mit kleinen Pylonen oder anderen Hilfsmitteln drei eigene Kreise ab. Die Schlägerschaufel ruht dabei in den Kreisen auf dem Boden, als wenn ein Paß anzunehmen wäre. Der Kopf ist erhoben.

1. Den ersten Kreis im Uhrzeigersinn umlaufen, den rechten über den linken Fuß setzen.
2. Vorwärts zum zweiten Kreis laufen.
3. Den zweiten Kreis gegen den Uhrzeigersinn umrunden, dabei den linken über den rechten Fuß setzen.
4. Vorwärts zum dritten Kreis laufen.
5. Den dritten wie den ersten Kreis im Uhrzeigersinn umlaufen.
6. Vorwärts laufen und zu den Kreisen zurückkehren.
7. Den ersten und dritten Kreis gegen den Uhrzeigersinn und den zweiten Kreis im Uhrzeigersinn umrunden.

Perfekte Übersetztechnik

Wer Vertrauen in seine Übersetztechnik besitzt, kann darangehen, sie zu perfektionieren. Dabei den hinteren Fuß nicht zu hoch anheben und die Rollen beim Übersetzen möglichst auf dem Boden lassen. Das Standbein ist jetzt hinten. Während das Gewicht auf den vorderen Fuß verlagert wird, drückt die Außenkante der Rollen des hinteren Fußes kräftig gegen den Boden, um für Vortrieb zu sorgen.

Um Richtungsänderungen durchführen und enge Kurven laufen zu können, muß jeder Hockeyspieler das Übersetzen vorwärts beherrschen, weil das Bremsen in diesem Sport weder einfach noch effizient ist. Das Übersetzen vorwärts mag zunächst schwierig erscheinen, wird aber mit etwas Übung ganz einfach.

RÜCKWÄRTSLAUF

Wer ein guter Hockeyspieler werden will, muß auch den Rückwärtslauf beherrschen.

Starten

Grundstellung einnehmen, die untere Hand vom Schläger lösen und den Ellbogen leicht anwinkeln. Die Fußspitzen zeigen leicht nach innen. Die Knie beugen, so daß bei geradem Rücken und erhobenem Kopf eine leichte Hockstellung entsteht. Die Schlägerschaufel vor dem Körper mit der Spitze nach innen flach aufsetzen.

C-Bogen

Die grundlegende Technik beim Rückwärtslauf heißt »C-Bogen«. Sie gestattet eine möglichst hohe Geschwindigkeit unter Beibehaltung des Gleichgewichts. Dabei wird jeweils nur ein Fuß eingesetzt, während der andere ausbalanciert.

△ ***Beim Hockey muß man jederzeit bereit sein, rückwärts zu laufen.***

Den rechten Skate mit der Innenkante der Rollen auf den Boden setzen, abstoßen und den Fuß wieder unter den Körper bringen. Durch diese Bewegung beschreibt der Skate auf dem Boden ein »C«. Wichtig ist, daß der nicht beteiligte Fuß ruhig unter dem Körper bleibt. Noch einmal die wichtigsten Punkte:

- Grundstellung für den Rückwärtslauf einnehmen und die untere Hand vom Schläger nehmen, wie oben beschrieben.
- Die Ferse des abstoßenden Beines nach außen drehen, auf die Innenkante des Skates steigen und Hüfte, Knie und Knöchel seitlich nach vorn bringen, so daß der Körper einen C-förmigen Bogen auf dem Boden beschreibt.
- Das volle Körpergewicht beim Abstoßen auf den rollenden Skate verlagern.
- Den abstoßenden Skate wieder unter den Körper bringen und erneut mit dem anderen Skate nach hinten abstoßen.

Wichtig

1. Beim Rückwärtslauf dem Drang widerstehen, den Körper weit vorzubeugen. Das führt nämlich zum Verlust des Gleichgewichts, weil das Gewicht dann auf den Fußspitzen ruht und nicht auf den Ballen, wo es liegen sollte.
2. Das Knie des Standbeins leicht anwinkeln, um den Körper mit dem Spielbein weit nach hinten abstoßen zu können.
3. Die Hüften ruhig halten, um jede Gewichtsverlagerung zu vermeiden.

Forward Crossovers

Jay Gardiner folgt dem Ball mit einer perfekten Abfolge von Übersetzschritten vorwärts über das Spielfeld.

Backward Crossovers

Jay Gardiner beweist, daß auch das Übersetzen rückwärts gelegentlich ganz praktisch sein kann.

RÜCKWÄRTS ÜBERSETZEN

1. Aus der Grundstellung heraus Hüfte und Oberkörper leicht in die Übersetzrichtung drehen. Dabei den heranrollenden gegnerischen Spieler mit erhobenem Kopf anblicken.
2. Den Innenfuß nach vorn bringen und die Außenseite des Skates kräftig gegen den Boden drücken.
3. Den Außenfuß in einem kurzen Schritt mit den Rollen knapp über dem Boden hinter und über den Innenfuß setzen.
4. Den Außenfuß aufsetzen und kräftig mit der Innenseite gegen den Boden pressen.

Warum rückwärts?

Außer für einen schnellen Rückwärtsstart bringt das Übersetzen rückwärts beim Hockey nicht viel. Der gegnerische Spieler erwischt einen sehr leicht auf dem falschen Fuß und hat dann schnell drei oder vier Schritte Vorsprung. Besser ist auf jeden Fall eine Wendung oder Rückwärtsdrehung.

Übung macht den Meister

Zuerst auf großer Fläche ganz langsam üben. Den Schläger beidhändig halten und nicht damit herumfuchteln. Nach der Drehung die untere Hand vom Schläger lösen. Für schnellere Drehungen die Skates nahe beieinander führen und den Körper vor der Drehung aufrichten. Dadurch verlängert sich die senkrechte Körperachse, so daß die Drehung schneller wird. Eine noch höhere Drehgeschwindigkeit ergibt sich, wenn sich die Arme näher am Körper befinden.

RÜCKWÄRTSDREHUNG

Mit einer Rückwärtsdrehung kann der Spieler aus dem Vorwärts- in den Rückwärtslauf übergehen, ohne an Tempo zu verlieren. Rückwärtsdrehungen sind ein wesentliches Hilfsmittel zur Abwehr angreifender Gegner.

1. Die Drehung wird aus dem normalen Skating-Schritt heraus eingeleitet. Dabei das Körpergewicht auf den der vorgesehenen Drehrichtung gegenüberliegenden Standfuß verlagern, z. B. auf den linken Fuß, wenn die Drehung nach rechts erfolgen soll. Den Schläger mit beiden Händen halten.
2. Am Ende des Schritts (auf dem linken Fuß) den Körper aufrichten, den rechten Skate (hinterer Fuß) um 180 Grad herumschwingen und wieder aufsetzen, so daß er rückwärts rollt.
3. Kopf und Schultern nach rechts drehen und gleichzeitig das Gewicht auf den rechten Fuß verlagern. Den linken Skate um 180 Grad drehen, so daß er wieder parallel zum rechten Skate steht.
4. Nach der Drehung die Schlägerschaufel sofort vor dem Körper aufsetzen und die untere Hand vom Stiel lösen.

Stocktechnik

Die Handhabung des Schlägers und die damit zusammenhängende Puck- oder Ballkontrolle ist ein wesentlicher Teil des Hockeyspiels und eng verwandt mit dem Dribbeln im Fußball. Erst wer sie wirklich beherrscht, wird vom guten zum sehr guten Spieler. Eine gute Stocktechnik wird unterstützt durch die richtige Schlägerlänge und passende Handschuhe.

Eine gute Stocktechnik ist die Voraussetzung für ein gekonntes Führen des Pucks oder Balls.

Alle Bewegungen beim Skating und bei der Schlägerhandhabung erfolgen aus der Grundstellung heraus. Noch einmal die wesentlichen Punkte:

- Füße mit einer Schulterbreite Abstand, Fußspitzen leicht nach außen.
- Knie und Knöchel etwa 45 Grad abgewinkelt.
- Oberkörper leicht nach vorn gebeugt, Schultern über den Knien, Knie über den Fußspitzen.
- Kopf erhoben.
- Schläger in beiden Händen, Schaufel etwas seitlich vom Körper flach auf dem Boden.

Grundstellung einnehmen und darauf achten, daß sich die Hände in der richtigen Position befinden: die obere Hand am Stielende, die untere Hand etwa 30 Zentimeter darunter. Daumen und Zeigefinger bilden jeweils ein paralleles »V« am Stiel.

Auf den Puck oder Ball, der in der Krümmung der Schlägerschaufel liegt, blicken und dann langsam den Kopf anheben, bis der Blick nach vorn gerichtet ist, so daß der Puck oder Ball nur noch im peripheren Sichtfeld wahrgenommen wird. Jeder Spieler neigt zunächst dazu, direkt nach unten auf den Puck oder Ball zu blicken. Es ist jedoch sehr wichtig, mit erhobenem Kopf zu spielen, um das gesamte Spielgeschehen erfassen zu können. Noch in der Grundstellung jetzt den Puck oder Ball um jeweils eine Schulterbreite seitlich hin und her ziehen. Dabei darf der Schläger nicht zu fest gegriffen werden. Die Hände dürfen den Stiel nur so fest greifen, daß der Puck oder der Ball noch zu spüren ist, ohne daß die Kontrolle über den Schläger verloren geht.

Die Schlägerschaufel über den Boden gleiten lassen. Niemals mit der Schaufel auf den Boden schlagen! Der Schläger darf keine lauten Geräusche verursachen. Den Puck oder Ball auf der Vorhand führen, die Schaufel auf die andere Seite setzen und den Puck oder Ball auf der Rückhand in die entgegengesetzte Richtung führen. Übertriebene Bewegungen vermeiden. Die Schaufel muß nahe am Puck oder Ball bleiben bzw. mit diesem Kontakt halten, um ihn sicher zu kontrollieren. Die Arme befinden sich dabei etwas vom Körper entfernt, um bequeme, flüssige Bewegungen zu ermöglichen.

HANDHABUNG DES SCHLÄGERS

Horizontalführung: Den Puck oder Ball wechselweise mit der Vor- und der Rückhand vor dem Körper hin und her ziehen. Bei Körperverlagerung über den Puck oder Ball keine zu ausladenden Bewegungen machen.

Vertikalführung: Diese Übung entspricht der horizontalen Variante, jedoch wird der Puck oder Ball dabei seitlich des Körpers geführt.

Führung beim Rückwärtslauf: Beim Rückwärtslauf muß der Puck oder Ball von einer zur anderen Seite zum Körper hin gezogen werden. Dies ist eine unerläßliche Fähigkeit für Verteidiger.

Die Stock- und Ballführung ist wichtig auf engem Raum, aber bei einem schnellen Angriff schiebt der Spieler den Ball einfach nur vor sich her.

ÜBUNGEN FÜR DIE HANDHABUNG DES SCHLÄGERS

Die folgenden Übungen sollten zunächst ohne Puck oder Ball stattfinden, damit der Spieler sich an die schnellen Wechsel gewöhnen kann. Die Schlägerschaufel auf dem Boden führen und den Kopf anheben, um das Spielgeschehen im Blick zu behalten, während der Puck oder Ball nur peripher wahrgenommen wird. Bei allen Übungen langsam beginnen und erst mit zunehmendem Können die Geschwindigkeit steigern. Nach dem ersten Durchgang alle Übungen in der entgegengesetzten Richtung wiederholen, um allseitig Praxis zu bekommen und sowohl Vor- als auch Rückhand zu schulen.

Übung 1

Grundstellung einnehmen. Im Stand die Horizontal- und die Vertikalführung üben, dabei nach jeweils zehn Bewegungen wechseln. Mit erhobenem Kopf üben, um den peripheren Blick zu schulen.

Übung 2

Sechs Pylone im Abstand von etwa 3 m in zwei parallelen Reihen aufstellen. Im Vorwärtslauf den Puck oder Ball horizontal um die Pylone führen.

Übung 3

Den Puck oder Ball wie in Übung 2 um die Pylone führen, dabei aber am ersten und sechsten Pylon eine Wendung um 360 Grad vornehmen. Diese Wendung erfolgt am ersten Pylon im Uhrzeigersinn und am sechsten Pylon gegen den Uhrzeigersinn. Bei engen Wendungen den Puck oder Ball in der Schaufelkrümmung führen.

△ ***Auf die erfolgreiche Stockführung folgen Passen und Schießen.***

Übung 4

Hier wird der Schläger im Vorwärts- und im Rückwärtslauf geführt. Im Rückwärtslauf muß der Puck oder Ball in der Krümmung der Schaufel liegen und zum Körper gezogen werden.

Vier Pylone gemäß folgender Abbildung aufstellen. Vorwärts zum ersten Pylon laufen. Sobald der Pylon passiert ist, in den Rückwärtslauf übergehen und den Puck oder Ball zum zweiten Pylon führen. Dort wieder in den Vorwärtslauf wechseln und die Übung am dritten und vierten Pylon wiederholen.

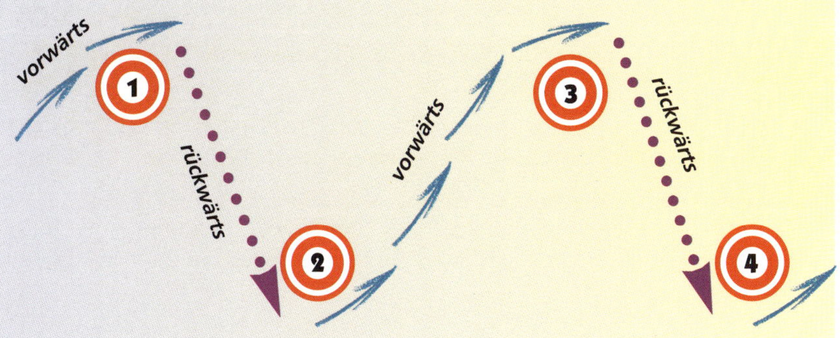

PASSEN

Ein Paß zu einem Mitspieler kann sowohl aus der Vorhand als auch aus der Rückhand erfolgen. Der Spieler, der den Paß abgibt, muß die Geschwindigkeit und relative Position seines Mitspielers berücksichtigen, um den Puck oder Ball an die richtige Stelle spielen zu können.

▷ ***Jetzt ist es an der Zeit, den Puck oder Ball zu einem Mitspieler zu passen, der freie Schußbahn hat.***

Paßannahme

Das größte Problem bei der Paßannahme ist, daß der Puck oder Ball über die Schlägerschaufel springt oder im Winkel von ihr abprallt. Das läßt sich verhindern, indem die Schaufel bei der Annahme abgewinkelt wird, um den Puck oder Ball unten zu halten, und indem sie bei Auftreffen des Pucks oder Balls etwas zurückgenommen wird, um das Abprallen zu verhindern. Das Passen kann man allein an einer Wand üben, indem der von dort abprallende Puck oder Ball mit der Vor- oder Rückhand angenommen wird.

- Geschwindigkeit und Position auf den anzunehmenden Paß ausrichten.
- Schläger mit der einen Hand oben und der anderen Hand bis zu 60 Zentimeter darunter fest halten.
- Schlägerschaufel im rechten Winkel zur Bahn des anzunehmenden Passes halten. Die Schaufel so zum Boden hin abwinkeln, daß der Puck oder Ball darunter gefangen wird.
- Beim Auftreffen des Pucks oder Balls mit dem unteren Arm etwas nachgeben, so daß der Aufprall gedämpft wird.

▽ ***Spieler bei der Paßannahme.***

Rückhandpaß

Die Paßannahme mit der Rückhand ist schwieriger als mit der Vorhand, weil der Puck oder Ball dabei auf eine konvexe Krümmung trifft. Die Technik ist im wesentlich gleich wie bei der Vorhandannahme.

- Den Puck oder Ball direkt von vorn annehmen.
- Schläger vor dem Körper so abwinkeln, daß sich der Puck oder Ball darunter fängt.
- Aufprall durch Nachgeben mit dem Schläger dämpfen.

SCHIESSEN

- Der Handgelenkschuß erfolgt durch ein schnelles Ausholen aus den Handgelenken heraus mit einer entsprechend kurzen Vorwärtsbewegung des Schlägers. Er ist sehr genau, aber längst nicht so kräftig wie ein Schlagschuß.
- Beim Schlagschuß wird der Schläger auf Schulterhöhe angehoben und dann mit voller Kraft nach unten geschwungen. Die Schaufel trifft unmittelbar hinter dem Puck oder Ball auf den Boden, so daß sich der Schläger biegt und die Schaufel mit voller Kraft gegen den Puck oder Ball schnellt.
- Der Vorhandschuß mit kurzem Ausholen liegt zwischen dem Handgelenk- und dem Schlagschuß. Der Schläger wird dabei bis in die horizontale Position angehoben. Der Schuß ist schnell und genau bis auf 10 m Torentfernung.

△ ***Der Torwart muß jederzeit bereit sein, schnelle Schüsse abzufangen.***

◁ ***Vorhandschuß mit kurzem Ausholen.***

Der Schlagschuß

1. Das Gewicht bei leicht gebeugten Knien auf das hintere Bein verlagern.
2. Der Abstand zwischen den Händen sollte etwa 60 cm betragen, wobei die untere Hand den Stiel tiefer als normal greift.
3. Der Blick ist auf das Ziel gerichtet, der Puck oder Ball befindet sich am Rand des Sichtfeldes.
4. Den Schläger nach hinten schwingen, bis der hintere Arm sich auf einer Ebene mit der Schaufel befindet, die einen Winkel von mehr als 45 Grad zum Boden bildet.
5. Den Schläger schnell nach unten schwingen und dabei das Gewicht auf das vordere Bein verlagern.
6. Die Schaufel soll etwa 2 cm hinter dem Puck oder Ball auf den Boden treffen, so daß sich ein Peitscheneffekt ergibt, durch den sie nach vorn beschleunigt wird.
7. Den Schuß voll durchziehen, so daß die obere Hand nahe am Körper liegt und die untere Hand mit dem Schläger vorwärts schwingt, bis sie waagerecht nach vorn zeigt.

Der Vorhandschuß mit kurzem Ausholen

1. Die Hände befinden sich in Normalstellung, der Puck oder Ball in der Mitte der Schlägerschaufel.
2. Handgelenke abknicken.
3. Die untere Hand nach vorn schnellen lassen, während die obere Hand sich nach hinten bewegt.
4. Voll durchschwingen, das Gewicht nach vorn verlagern und auf einen möglichen Abpraller achten.

Skate-Pflege

Skates brauchen eine gewisse Pflege, wenn sie stark beansprucht werden. Im Vergleich zur Wartung eines Mountainbikes kostet diese Pflege allerdings relativ wenig Geld und Zeit.

Werkzeug

Bei den meisten Skates können Rollen und Manschette mit einem normalen 4-mm-Inbusschlüssel gelöst werden. Dennoch lohnt sich die Anschaffung eines speziellen Skate-Werkzeugs mit 4-mm- und 1/8"-Inbusschlüssel, Kreuzschlitzschraubenzieher und zwei Ausziehern, mit denen man die Lagergehäuse aus den Rollen bekommt.

Arbeitsplatz

Ein eigener Arbeitsplatz trägt dazu bei, daß die regelmäßige Skate-Pflege organisiert und übersichtlich abläuft. Der Arbeitsplatz wird mit Papier ausgelegt, das weggeworfen werden kann, wenn es schmutzig ist. Das Papier sollte eine gewisse Widerstandsfähigkeit gegen Schmutz und Flüssigkeiten aufweisen und hell sein, damit die vielen Kleinteile gut zu erkennen sind.

Arbeitsablauf

Es ist wichtig, die Teile eins nach dem anderen auszubauen, ordentlich abzulegen und sich die Reihenfolge für den Zusammenbau zu merken.

1. Alle Schrauben und Bolzen herausdrehen.
2. Alle Rollen mitsamt Abstandhaltern und Unterlegscheiben, sofern vorhanden, ausbauen.
3. Die beiden Lagergehäuse aus den einzelnen Rollen ziehen.
4. Lagergehäuse einzeln öffnen (falls möglich).
5. Lagergehäuse einzeln säubern und einölen und wieder einbauen.
6. Chassis und Außenschuh säubern. Schnallen und Innenschuhe auf Beschädigungen prüfen und Schnürsenkel gegebenenfalls austauschen.
7. Rollen wieder einbauen und Schrauben festziehen.

Reinigen der Lager

Die Lager sind es, die die meisten Pflegeprobleme bereiten. Es zahlt sich aus, wenn man sich die Zeit nimmt, sie in Schuß zu halten, denn nur dann macht das Skaten richtig Spaß. Lagergehäuse gibt es in nicht zerlegbarer und in voll zerlegbarer Ausführung.

1. Werkzeug sauber und ordentlich zurechtlegen.

2. Rollen ausbauen und Chassis säubern.

3. Rollen von Schmutz befreien und auf Verschleiß prüfen.

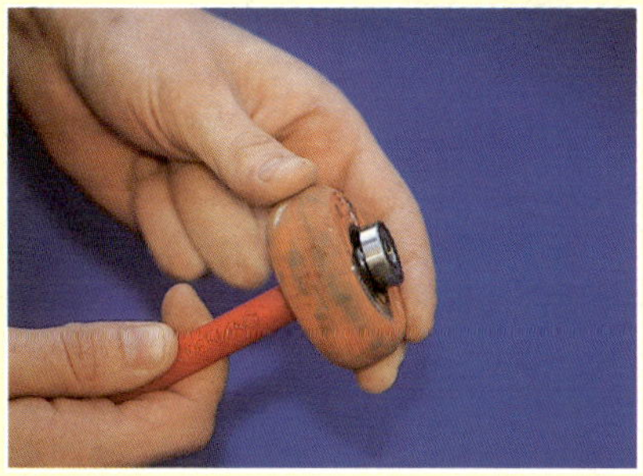

4. Lager ausbauen.

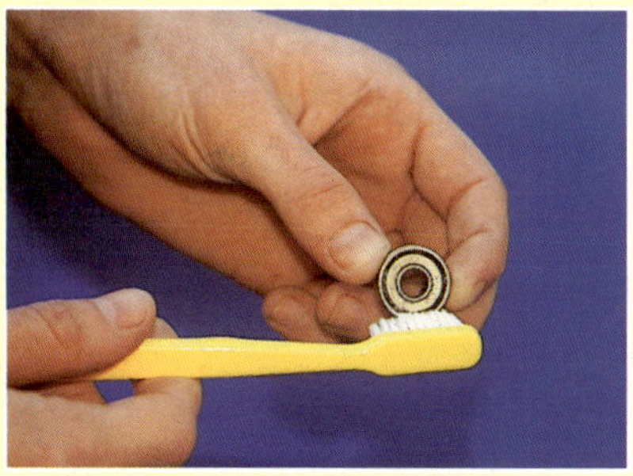

5. Lager mit einer Zahnbürste von anhaftendem Schmutz befreien.

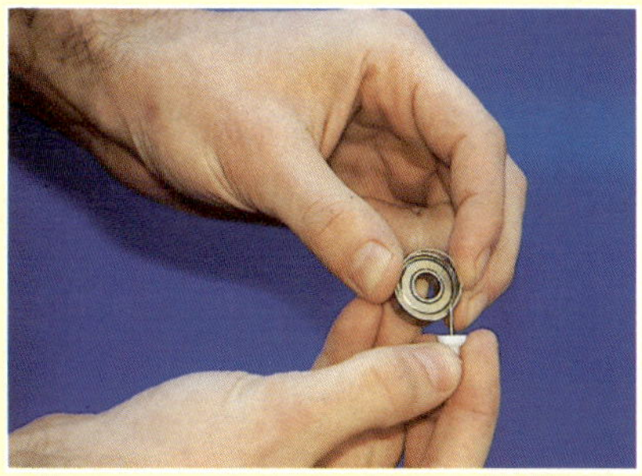

6. C-Ring mit einem spitzen Gegenstand lösen und das Innere des Lagers freilegen.

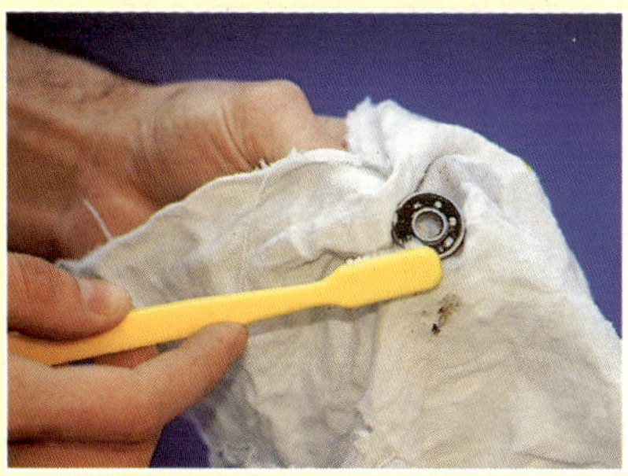

7. Vorsicht mit all den kleinen Kugeln!

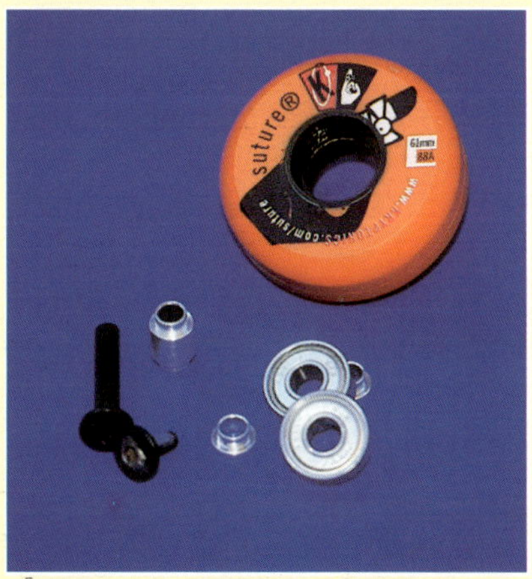

8. Paßt das alles wieder zusammen? Wer Ordnung hält, hat mehr vom Leben.

Nicht zerlegbares Lagergehäuse: Zur Pflege der Lager in einem nicht zerlegbaren Gehäuse muß letzteres regelmäßig mit einer Zahnbürste und einem trockenen Tuch von Staub und Schmutz befreit werden. Dazu muß das Gehäuse aus der Rolle ausgebaut werden. Wenn ein Lager zu schleifen beginnt und nicht mehr richtig läuft, kann man nur das gesamte Gehäuse austauschen.

Voll zerlegbares Lagergehäuse: Ein voll zerlegbares Gehäuse kann, wie der Name schon sagt, auseinandergenommen, gesäubert, geschmiert und wieder zusammengesetzt werden. Dazu wird der C-Ring, der den Lagerschild hält, mit einem spitzen Gegenstand gelöst und der Schild herausgedrückt. Damit ist das Lager frei zugänglich.

Es ist wichtig, einen nicht korrodierenden Reiniger auf Zitrusbasis zu verwenden, der speziell für Inline-Skates vorgesehen ist und keinen Rost verursacht. Das Lager wird kurze Zeit in den Reiniger gelegt (Gummihandschuhe zum Schutz der Haut anziehen!). Nach etwa fünf Minuten löst sich der Schmutz. Reste werden mit einer weichen Zahnbürste oder einem Tuch beseitigt. Wenn das Lager sauber genug ist, nimmt man es aus dem Reiniger und schüttelt es vorsichtig oder bläst es aus. Dabei ist jeder Kontakt mit Lippen und Augen zu vermeiden. Eventuelle Reste des Reinigers müssen verdunsten, bevor ein Schmiermittel aufgetragen wird. Wie der Reiniger sollte auch das Schmiermittel speziell auf Inline-Skates abgestimmt sein – teilweise werden Lagersätze auch zusammen mit einer kleinen Flasche Schmieröl verkauft. Auf jede Kugel kommt ein Tröpfchen Schmieröl. Anschließend wird der Lagerschild gesäubert, wieder eingesetzt und mit dem C-Ring befestigt. Zum Schluß trägt man einen dünnen Schmierfilm auf die Kante des äußeren Lagers auf, wo sich die Aufschrift befindet. Dieser Film trägt dazu bei, das Eindringen von Wasser und Staub zu verhindern.

NOCH EIN PAAR TIPS

- Niemals bei Nässe skaten, es sei denn, die Lager sind wasserdicht.
- Nicht durch Schlamm, Split oder Sand laufen, weil diese Materialien den Rollen und Lagern fürchterlich zusetzen.
- Zerlegbare Lager verwenden – die halten länger.
- Die Schrauben, die die Rollen halten, regelmäßig nachziehen aber nicht zu fest, weil dann das Lager beschädigt werden könnte.
- Immer Ersatzschrauben und -unterlegscheiben bereithalten für den Fall, daß eine bricht oder verloren geht.
- Schrauben können brechen. Wenn das passiert, sägt man mit einer Metallsäge einen Schlitz in die Bruchstelle und löst die Schraube mit einem Schraubendreher.
- Für Innenschuhe bekommt man in der Regel Ersatz.
- Schnallen nach dem Ausziehen der Skates immer schließen. Offene Schnallen brechen schnell ab, wenn man aus Versehen darauf tritt.
- Skates in regelmäßigen Abständen säubern und warten.

Zusammenbau der Rollen

Bevor die Rollen wieder eingebaut werden, müssen noch alle Schrauben, Bolzen, Abstandhalter und Unterlegscheiben gesäubert werden. Schließlich soll ja nicht die ganze Arbeit dadurch zunichte gemacht werden, daß von Schrauben und Unterlegscheiben gleich wieder Schmutz in die Lager gelangt. Auch das Chassis sollte sorgfältig gesäubert werden.

Nur wer seine Ausrüstung pflegt, hat Freude daran.

Glossar/Nützliche Adressen

Im Inline-Skating wird eine eigene Sprache gesprochen, und zwar besonders in der Agressive-Szene. Hier eine kleine Auswahl an Begriffen, auf die man immer wieder stößt...

ABEC: Vom Annular Bearing Engineering Council gesetzte Norm für Kugellager
Air (Aggressive): Luftsprung beim Abheben von einer Rampe oder beim Überwinden von Hindernissen
Alley Oop (Aggressive): Rückwärts ausgeführter Trick, z. B. Alley Oop Pornstar
Anti-rocker (Aggressive): Innere Rollen kleiner als äußere Rollen – innen meist 49 mm, außen 62 mm zum besseren Grinden zwischen den mittleren Rollen. Der gleiche Effekt entsteht durch Höhersetzen der mittleren Rollen
ASA (Aggressive): Die Aggressive Skaters' Association führt eine Welttour für Profis durch
Auszieher: Einfaches Werkzeug zum Ausbau der Lager aus den Rollen

Backside (Aggressive): Nach außen blickend, z. B. beim Grinden auf einer Bordsteinkante mit dem Rücken zum Gehweg
Barrel-Roll: Trick, bei dem der Skater im Kreis läuft und sich gleichzeitig dreht
Bio (Aggressive): Luftsprung, bei dem sich der Körper parallel zum Boden dreht
Body-Check (Hockey): Körperkontakt zweier Spieler
Bone-over (Aggressive): Abwinkeln der Knöchel bis zur Grenze
Bowl (Aggressive): In den Boden eingelassene Vertiefung aus Holz oder Beton

Cab (Aggressive): Visuelle Seitendrehung (in Blickrichtung) vor dem Aufsprung auf eine Schiene oder Kante
C-Bogen (Hockey): Technik beim Rückwärtslauf
CE EN 1078: Europäische Norm für Skating-Helme
Chassis: Die Schiene des Skates, an der die Rollen befestigt sind
Coping (Aggressive): Runde Metallschiene an Rampen und Übergängen
Crash-Shorts (Aggressive): Gepolsterte Hose zum Schutz der Hüften und des unteren Rückgrats

Deathbox (Aggressive): Box für hohe Sprünge in einem Street-Kurs
DISV: Deutscher Inline-Skate-Verband
Disaster (Aggressive): Absprung von einer Rampe vor einem Trick, z. B. Disaster Royale
Double-Grab (Aggressive): Zwei verschiedene Griffe in der Luft vor dem Aufsetzen
DRIV: Deutscher Rollsport- und Inline-Verband
Driveway (Aggressive): Box mit flach ansteigendem Bereich auf beiden Seiten
Durometer: Härtegrad der Rollen

Fahrvergnügen (Aggressive): Grind, bei dem beide Knie in die gleiche Richtung gebeugt sind
Fakie (Aggressive): Rückwärts ausgeführte Bewegung
Fishbrain (Aggressive): Topside-Makio, bei dem die Außenkante des Chassis auf die Rutschfläche aufgesetzt wird
Five-Fourty (Aggressive): Eineinhalbfache Drehung
Flat-Bank (Aggressive): Einfache, flach ansteigende Rampe oder Fläche
Flip (Aggressive): Luftsprung mit voller Drehung um die Hüfte
Frontside (Aggressive): Grinden mit Blick nach innen, z. B. auf einer Bordsteinkante mit dem Rücken zur Straße oder auf einer Coping mit dem Rücken zur Rampe
Funbox (Aggressive): Mehrfachhindernis auf einem Street-Kurs

Grab (Aggressive): Griff mit der Hand an einen Skate
Grape-Vine: Kombination aus 180-Grad-Drehungen und Rückwärtslauf
Grind (Aggressive): Rutschen mit dem Chassis auf Geländern, Coping, Bänken, Bordsteinkanten u. ä.
Grind-Plate (Aggressive): Innen am Chassis angeschraubte, austauschbare Verstärkung zum Grinden zwischen den beiden mittleren Rollen. Grind-Plates aus Kunststoff ermöglichen eine langsamere, kontrollierte Fahrt, Grind-Plates aus Aluminium sind viel schneller und daher nur für Könner zu empfehlen.
Grind-Wachs (Aggressive): Wird auf Kanten und andere Flächen aufgetragen, damit die Skates leichter rutschen
Grundstellung (Hockey): Grundhaltung, aus der der Spieler in jede Richtung starten kann

Halfpipe (Aggressive): Große Doppelrampe, die von der Seite wie eine halbe Röhre aussieht
Handgelenkschuß (Hockey): Schuß aus einer kurzen Bewegung des Handgelenks heraus
Handgelenkschützer: Sicherheitshandschuhe, die das Handgelenk stützen und die Handfläche schützen
H-Block (Aggressive): H-förmiger Block für die Innenseite des Chassis zur Verstärkung zwischen den beiden mittleren Rollen beim Grinden
Ho-Ho (Aggressive): Beidhändiger Handstand mit Blick in die Rampe

IISS (Aggressive): International Inline Skate Series; internationale Serie von Veranstaltungen im Aggressive-Skating
Inbusschlüssel: Sechskantiges Werkzeug zum Auseinanderbauen der Skates
Invert (Aggressive): Handstand, bei dem die Beine als erstes über die Coping gehen
ISHA (Hockey): International Skater Hockey Association
ISHD (Hockey): Inline- und Skaterhockey Deutschland (Verband)

Kanten: Seiten der Rolle, die Bodenkontakt haben (Innen- und Außenkante)

Line (Aggressive): Die auf einem Street-Kurs gefahrene Linie bzw. die Aneinanderreihung von Tricks auf einer Rampe. Wird bei Wettbewerben von den Schiedsrichter bewertet.
Lui Kang (Aggressive): Luftsprung, bei dem ein Bein angezogen und das andere ausgestreckt wird. Das angezogene Bein wird mit der Hand gefaßt, während das andere Bein nach vorn gestoßen wird (Gegenteil von Flying Fish).

Marathon: Rennen über 50 km
McTwist (Aggressive): Umgedrehte 540-Grad-Drehung in der Luft
Method (Aggressive): Luftsprung, bei dem beide Beine hinten angezogen und eins mit der Hand gegriffen wird
Mini-Rampe (Aggressive): Kleine Halfpipe
Mizou (Aggressive): Grind mit dem vorderen Skate auf der Sohle und dem hinteren zwischen den Rollen
Mute (Aggressive): Luftsprung, bei dem der Skater an das Chassis faßt und die Knie an die Brust zieht

Natural (Aggressive): Von der Natur vorgegebene Drehrichtung
Negative Soul (Aggressive): Innere Unterseite des Chassis zum »Soul-Grinding«
Nine-Hundred (Aggressive): Zweieinhalbfache Drehung

Pace-Line (Rennen): Reihe von Läufern im Windschatten des jeweiligen Vordermannes

Planter (Aggressive): Zum Grinden benutzter Blumenkübel auf der Straße oder speziell angelegte Schiene in einem Skate-Park
Pornstar (Aggressive): Grind mit dem vorderen Fuß auf der Sohle (Soul) und dem hinteren Fuß mit nach außen gebogenem Knöchel direkt dahinter
Powerslide: Bremstechnik bei hohem Tempo
Powerstrap: Verstellbarer Riemen um die Manschette des Schuhs oder um Ferse und Schnürsenkel
Pyramide (Aggressive): Pyramidenförmige Box aus Rampen

Quads: Konventionelle Rollschuhe mit zwei Rollenpaaren hintereinander
Quarterpipe (Aggressive): Kleine Rampe in Form einer halben Halfpipe

Rockering: Höher- oder Tiefersetzen der beiden mittleren Rollen
Rocket (Aggressive): Luftsprung, bei dem der Skater mit Blick auf die Plattform beide Beine nach vorn streckt und an den Fußspitzen ergreift
Royale (Aggressive): Grind, bei dem beide Füße nach hinten abgewinkelt sind, während der Skater vorwärts rutscht, d. h., Chassis voraus; Gegenteil von Fahrvergnügen
Rückhand (Hockey): Führen des Pucks oder Balls mit der Schlägerrückseite
Rückwärtsdrehung (Hockey): Technik, mit der der Spieler ohne Tempoverlust aus dem Vorwärts- in den Rückwärtslauf übergeht
Russische Kreise (Hockey): Übersetzübung für das Hockeyspielen

Safety-Grab (Aggressive): Luftsprung, bei dem der Skater in der Drehung mit der oberen Hand den oberen Skate faßt und beide Skates auf die Seite zieht
Schienbeinschützer (Aggressive und Hockey): Zusätzlicher Schutz für den Bereich zwischen Knieschützern und Skates
Schlagschuß (Hockey): Schuß, bei dem der Schläger bis auf Schulterhöhe ausholt
Seven-Twenty (Aggressive): Zweifache Drehung
Shell: Außenschuh aus Kunststoff
Skate-Jeans (Aggressive): Vom Knie abwärts weit und sackartig geschnittene Jeans, unter der Knie- und Schienbeinschützer getragen werden können, mit ausgestelltem Fußbereich; teilweise mit herausnehmbaren Polstern für den Hüft- und Steißbeinbereich
Skate-Paints: Farben zur Ausbesserung von Skates und Rollen
Soul (Aggressive): Äußere Unterseite des Chassis zum »Soul-Grinding«
Soul-Plate (Aggressive): Verstärkung für den Sohlenbereich an der Außenseite des Skates, zum Grinden in Längsrichtung
Spacer: Abstandhalter aus Kunststoff oder Metall zwischen den Lagern in der Rolle
Spin (Aggressive): Drehung in der Luft zwischen 360 und 1080 Grad
Spine (Aggressive): Verbindung zwischen zwei Rampen, die Rücken an Rücken stehen
Sprint: Kurzstreckenrennen über 300, 500 oder 1500 m
Stale Japan (Aggressive): Unter dem Körper ausgeführter Griff beim Sprung, z. B. mit der linken Hand an das rechte Bein
Street (Aggressive): Aggressive-Tricks auf Rampen und anderen kleinen Hindernissen; Einzelwettbewerb bei Aggressive-Veranstaltungen
Streethockey: Die entspannteste Art des Hockeyspielens im Freien mit einem Minimum an Regeln und Einschränkungen

Surfing: Bewegung mit den Skates Ferse an Ferse hintereinander
Switch (Aggressive): Gegenteil von Natural, macht Tricks schwieriger
Switch-ups (Aggressive): Aneinanderreihung von Tricks beim Grinden

Ten-Eighty (Aggressive): Dreifache Drehung
Three-Sixty (Aggressive): Einfache Drehung im oder gegen den Uhrzeigersinn
Topside (Aggressive): 90 Grad zur Gleitfläche auf einer Coping, Schiene oder Kante
Transition (Aggressive): Übergang von der Horizontalen in die Vertikale
T-Stopp: Anhalten durch Bilden eines T mit den Skates

Übersetzen: Das Übersetzen des einen über den anderen Skate beim Kurvenlauf

Vert (Aggressive): Aggressive-Skating auf Rampen mit senkrechten Flächen, meist in der Halfpipe
Vorhand (Hockey): Führen des Balls oder Pucks mit der Schlägervorderseite

Aggressive Skaters Association
171 Pier Avenue, Suite 247
Santa Monica, California 90404
USA

Deutscher Inline-Skate-Verband (DISV)
Bergstr. 20
D-64342 Seeheim-Jugenheim
Tel.: 06257/962236
Fax: 06257/962232
Internet: http://www.d-i-v.de

Deutscher Rollsport- und Inline-Verband e. V. (DRIV)
Sterngasse 5
D-89073 Ulm
Tel.: 0731-66414
Fax: 0731-9603517

Federazione Italiana Hockey e Pattinaggio
Viale Tiziano 70
I-00196 Rom
Tel.: 0039-632650891
oder 0039-632650923
Fax: 0039-63232640

Inline- und Skaterhockey Deutschland (ISHD)
Schmiedhofsweg 1
D-50769 Köln
Tel.: 0221-9701817
Fax: 0221-9701818
E-Mail: skaterhockey@t-online.de

International Inline Skating Association
3720 Farragut Avenue, Suite 400
Kensington, Maryland 20895
USA

Österreichischer Rollsportverband
Kundmanngasse 24/3
A–1030 Wien
Tel.: 0043-17140203
Fax: 0043-17140204

Swiss Federation of Roller Skating and Speed
August-Müller-Str. 7
CH–8134 Adliswil
Tel.: 0041-12064550
Fax: 0041-12064545

Stichwortverzeichnis

Dank und Anerkennung

Jeremy Evans dankt für die Hilfe bei diesem Buch.

Im allgemeinen:

dem Magazin **Inline Skatermag** für die vielen Hintergrundinformationen, **Adrian Parsons** von **»Pacer Leisure (Inliners)«** für seine Hilfe, seinen Rat und die ausgeliehene Ausrüstung, **Steve Glidewell** von **»Unity«** für seine guten Ratschläge zum Aggressive-Skating, **Ivan Solombrino** für seine ausgezeichneten Darbietungen bei den Fotos zum Fun-Skating; **Matt King** für seine gleichermaßen hervorragenden Darbietungen bei den Fotos zu all den Grinds und Luftsprüngen und anderen Tricks und nicht zuletzt **Matt Pingel** für seine exzellenten und hart erarbeiteten Fotos, die einen Großteil dieses Buches ausmachen.

Im besonderen:

Brian Wood von »Roller Speed« für die vielen Informationen im Kapitel über das Speed-Skating auf den Seiten 34-35 dem **Oxford Wheels Project** für die Hilfe zum Skate Park auf den Seiten 42-43, **Matt King** für die Darstellung und Identifizierung der Tricks im Kapitel »Kinds of Grinds« auf den Seiten 48-53 und »Airs & Grinds« auf den Seiten 54-61, **Andy Critchlowe** für seine Hinweise zu Aggressive-Disziplinen und zur Schiedsrichterei auf den Seiten 62-66, **David de la Haye** für die Informationen zum Streethockey auf den Seiten 70-71 und zu Hockeyrollen auf den Seiten 76-77, **Bill Roche**, Trainer der »Swindon Eagles«, der das meiste Material zu den anderen Hockeyseiten zur Verfügung gestellt hat, und **Mitch Heavey** von »Route One« in Kingston, der viel zum Kapitel über die Skate-Pflege auf den Seiten 92-93 beigetragen hat.